CRIMINALIDADE ORGANIZADA
E CRIMINALIDADE DE MASSA

Interferências e Ingerências Mútuas

CRIMINALIDADE ORGANIZADA E CRIMINALIDADE DE MASSA

Interferências e Ingerências Mútuas

Coordenação:
MANUEL MONTEIRO GUEDES VALENTE

ALMEDINA

CRIMINALIDADE ORGANIZADA
E CRIMINALIDADE DE MASSA
Interferências e Ingerências Mútuas

COORDENADOR
MANUEL MONTEIRO GUEDES VALENTE

EDITOR
EDIÇÕES ALMEDINA. SA
Av. Fernão Magalhães, n.º 584, 5.º Andar
3000-174 Coimbra
Tel.: 239 851 904
Fax: 239 851 901
www.almedina.net
editora@almedina.net

PRÉ-IMPRESSÃO | IMPRESSÃO | ACABAMENTO
G.C. GRÁFICA DE COIMBRA, LDA.
Palheira – Assafarge
3001-453 Coimbra
producao@graficadecoimbra.pt

Março, 2009

DEPÓSITO LEGAL
290487/09

Os dados e as opiniões inseridos na presente publicação
são da exclusiva responsabilidade do(s) seu(s) autor(es).

Toda a reprodução desta obra, por fotocópia ou outro qualquer
processo, sem prévia autorização escrita do Editor, é ilícita
e passível de procedimento judicial contra o infractor.

Biblioteca Nacional de Portugal – Catalogação na Publicação

Criminalidade organizada e criminalidade em massa :
interferências e ingerências mútuas / coord. Manuel
Monteiro Guedes Valente. – (Obras colectivas)
ISBN 978-972-40-3831-5

I – VALENTE, Manuel Monteiro Guedes

CDU 343
   351
   061

INTRODUÇÃO

O tema da criminalidade tem sido objecto de vários tipos de intervenção por parte da sociedade: ora se debate nos programas televisos e áudio, ora se escrevem linhas extensas sobre os fenómenos que assolam o cidadão no seu dia-a-dia, ora se debatem em seminários e conferências a evolução do fenómeno criminógeno e da capacidade de resposta jurídica e operacional por parte dos operadores estatais responsáveis pela prevenção do crime (em especial a polícia), ora se verbaliza, aquecida e arduamente, nos cafés das aldeias, das vilas e das cidades, o facto criminoso ocorrido na nossa rua.

Mas, o tema da criminalidade – seja de massa, aquela que mais afecta directamente o cidadão, seja organizada, muitas das vezes escondida e canceriginamente enraizada nos meandros do poderes económico e político – é e deve ser objecto de estudo científico universitário multidisciplinar: ciências jurídicas, ciências policiais e ciências sociais e políticas. Foi esse o intuito que nos levou a organizar e a coordenar um Seminário Internacional sobre *Criminalidade Organizada e Criminalidade de Massa – Interferências e Ingerências Mútuas*, nos dias 14 e 15 de Fevereiro de 2006, no Instituto Superior de Ciências Policiais e Segurança Interna, no âmbito da Pós-Graduação em Segurança Interna, sob a direcção do Centro de Investigação, cujos textos entregues trazemos agora à estampa.

Acompanham os textos dos conferencistas de então, mais dois estudos sobre os intrumentos jurídicos de que os operadores judiciários, em especial as autoridades judiciárias e os órgãos de polícia criminal, dispõem para prevenir e investigar factos criminosos que lesam ou colocam em perigo de lesão bens jurídicos fundamentais à convivência e ao desenvolvimento harmonioso da humanidade. A relação com a temática não podia deixar que se acoplassem dois artigos que reflectem, como todos os outros textos, por um lado, a ideia de que há um bem jurídico – segurança – que é e está cada vez mais escasso e, por outro, a ideia de que a segurança não pode ser deificada de tal modo que aniquile os demais direitos e liberdades fundamentais.

Esta dialéctica percorre todos os textos que publicamos e demonstra a consciência ibérica de que o crime organizado só sobrevive se o crime de massa estiver bem enraizado e bem embrenhado na sociedade e de que a prevenção dos fenómenos criminais deve obedecer aos primados da *ultima et extrema ratio* do direito penal substantivo e adjectivo e ao primado da centralização da decisão no eco nevrálgico: o Homem. O Estado não pode utilizar os mesmos métodos que os criminosos. Deve, antes, procurar, dentro da licença e dos limites supraconstitucionais e constitutcionais, os instrumentos jurídicos e operativos adequados, exigíveis, necessários e indispensáveis para prevenir e investigar e agir contra os fenómenos criminais de massa e organizados.

O equilíbrio que se reclama nos textos que publicamos traz à colação as *vítimas* que a legislação penal e processual penal, limitadora da acção punitiva do Estado, pareceu esquecer: pois, do outro lado da margem do rio está a vítima. Consideramos que o legislador não (nunca) se esqueceu da vítima nem o podia fazer, porque o Estado substituiu-se ao particular para, em seu nome e em nome do povo, administrar a justiça penal. Consideramos, antes, que o intérprete literal e restritivo na busca de uma justiça penal positivista não encontrava (ou não tendia a encontrar) nas normas jurídicas em vigor a resposta à protecção e ao ressarcimento das vítimas, resultado da ideia cimentada entre a jurisdição moderna de que o juiz não deve (devia) intervir *ex officio*. A protecção das vítimas não deve alguma vez ser uma obrigação legal do Estado, mas sim uma obrigação natural. Pois, como ressalta de alguns textos, o problema não está na inexistência de lei nem do designado «hiper-garantismo» do arguido, mas sim na má interpretação e, consequente, má aplicação do nosso direito.

Acresce que, tendo em conta os temas estudados e debatidos, releva-se e reafirma-se a concepção de que a prevenção da criminalidade organizada e de massa, que convivem, que se confundem, que se inter-alimentam, não é possível efectuar-se isoladamente, porque os carreiros que escrevem quotidianamente estendem-se extra-muros e amalgam-se no designado *Estado Fronteiras*. A cooperação vertical e horizontal, judiciária e policial, nacional, bilateral, europeia e internacional e a consciência de que a vida de um é a vida de todos, de que a liberdade de um é a liberdade de todos, de que o bem jurídico de um é de todos, são os arquétipos que devem orientar a política criminal nacional, europeia e internacional na prevenção da criminalidade.

Pinhal Novo, 7 de Dezembro de 2008

MANUEL MONTEIRO GUEDES VALENTE

PROGRAMA

Lisboa, 14 de Fevereiro de 2006

08H30 – Recepção dos Convidados e Participantes
09H30 – Sessão de Abertura

- TERESA CAUPERS
  Directora Nacional Adjunta para a Área de Recursos Humanos da PSP
- ALFREDO JORGE FARINHA FERREIRA
  Director do Instituto Superior de Ciências Policiais e Segurança Interna
- J. J. GOMES CANOTILHO
  Professor Catedrático da Faculdade de Direito da Universidade de Coimbra

CONFERÊNCIA DE ABERTURA

- **Direitos Fundamentais na Prevenção do Crime**
  J. J. GOMES CANOTILHO

11H00 – Mesa I – O Branqueamento e a Actividade Policial
Presidência: Prof. Doutor GERMANO MARQUES DA SILVA

CONFERÊNCIAS:

- **O Branqueamento de Capitais segundo a Lei Portuguesa**
  JORGE DUARTE
  Mestre em Direito, Procurador da República e Docente do CEJ
- **O Branqueamento e a "Praxis" Policial (nacional e internacional)**
  MOURAZ LOPES
  Mestre em Direito, Juíz e Director Nacional Adjunto da PJ

12H30 – Assinatura do Protocolo entre o ISCPSI e o CEJ

13H00 – Intervalo/Almoço

14H30 – Mesa II – Tráfico de Seres Humanos

10 | *Programa*

Presidência: *Prof.ª Doutora* CONSTANÇA URBANO DE SOUSA

CONFERÊNCIAS:

– **Política Criminal sobre o Tráfico de Seres Humanos**
ANABELA MIRANDA RODRIGUES
Professora da Faculdade de Direito da Universidade de Coimbra
e Directora do *CEJ*

– **Tráfico de Seres Humanos face à Lei Espanhola**
NIEVES SANZ MULAS
Professora da Faculdade de Direito da Universidade de Salamanca

– **O Direito Penal Português e o Tráfico de Seres Humanos: o papel das polícias**
EUCLIDES DÂMASO
Procurador Geral Adjunto e Presidente do DIAP de Coimbra

Lisboa, 15 DE Fevereiro de 2006

09H00 – Recepção dos Participantes

10H00 – Mesa III – Terrorismo: Realidade Inalienável
Presidência: *Prof. Doutor* PEDRO CLEMENTE

CONFERÊNCIAS:

– **A Jihad Global e o Contexto Europeu**
MARIA DO CÉU PINTO
Professora e Directora do Departamento de Ciência Política
e Relações Internacionais da Universidade do Minho

– **Terrorismos: uma perspectiva investigatória**
Dr. TEÓFILO SANTIAGO
Director Nacional Adjunto da PJ – DCCB

– **Análise Jurídica do Terrorismo**
JOSÉ GARCIA SAN PEDRO
Doutor em Direito, Coronel da Guarda Civil de Espanha
e Professor da UNED (Madrid)

– **Terrorismo: a ameaça contemporânea**
LUÍS MIGUEL FIÃES FERNANDES
Mestre em Estratégia e Docente do ISCPSI

13H00 – Intervalo/Almoço
14H30 – Mesa IV – O Fenómeno da Droga
Presidência: *Prof. Doutor* ANTÓNIO FRANCISCO DE SOUSA

CONFERÊNCIAS:

– **Visão Criminológica do Tráfico de Droga**
ALFONSO SERRANO MAÍLLO
Director e Professor do Departamento de Direito Penal da UNED – Madrid

– **Respostas Táctico-Policiais ao Fenómeno da Droga**
HUGO GUINOTE
Docente do ISCPSI e Comissário da PSP

– **O Fluxo Criminal Conexo ao Fenómeno da Droga**
MARIA ANTÓNIA DE ALMEIDA SANTOS
Ex-Presidente da CDT de Lisboa e Deputada à AR
pelo Grupo Parlamentar do PS

17H15 – Sessão de Encerramento

– JOSÉ MAGALHÃES
Secretário de Estado Adjunto do Ministro de Estado e da Administração Interna

– ORLANDO ROMANO
Director Nacional da PSP

– ALFREDO JORGE FARINHA FERREIRA
Director do Instituto Superior de Ciências Policiais e Segurança Interna

– ADRIANO MOREIRA
Presidente do CNAVES e Professor Catedrático

CONFERÊNCIA DE ENCERRAMENTO

A Criminalidade e a Segurança: a consolidação da liberdade no quadro europeu
Prof. Catedrático ADRIANO MOREIRA

DISCURSO DE ABERTURA

Ex.ma Senhora Directora Nacional Adjunta para a Área de Recursos Humanos da PSP

Ex.mo Senhor Director do Instituto

Ex.mo Senhor Professor Catedrático GOMES CANOTILHO

Ilustres presidentes de mesa, conferencistas, convidados e participantes no Seminário

Caros alunos

Minhas senhoras / Meus senhores

1. Permitam-me que cumprimente e saúde o Exmo. Sr. Professor Doutor GOMES CANOTILHO por ter, amavelmente, aceite o nosso humilde convite para proferir a conferência de abertura deste seminário. A presença de tão ilustre jurista e eminente constitucionalista, hoje e aqui, honra-nos muito. Há muito que falamos aos nossos alunos da ilustre personalidade, conceituado e reconhecido Professor de Direito Constitucional, cujas mãos orientaram a orquestra da Constituinte, sendo, por isso, motivo de alegria para aqueles, por quem trabalhamos diariamente, poderem escutar as doutas palavras de que, ao longo dos anos, nos tem habituado. Muito obrigado.

Não menos é o nosso agradecimento para o Senhor Director do Instituto, Superintendente-Chefe FARINHA FERREIRA, que sempre acreditou e apoiou iniciativas que abrissem as portas deste Convento à Comunidade, permitindo mais um seminário que se espera ser frutífero no discreteamento de ideias e em encontros para novas caminhadas em busca do trilho centrado homem.

Permitam-me que agradeça de forma individual à Sr.ª Prof.ª Doutora ANABELA MIRANDA RODRIGUES, aqui presente entre nós, por, desde o momento em que assumiu a árdua tarefa de dirigir o Centro de Estudos Judiciários, ter apadrinhado e decidido colaborar com o Centro de Investigação do Instituto, mais precisamente na área da investigação académico-científica.

Aos amigos e Ilustres Presidentes de Mesa e aos nossos Conferencistas, perdoem-me o trabalho de que mais uma vez vos encarreguei, e aceitem o meu muito obrigado e um renovado convite para novas caminhadas no futuro.

Aos participantes deste Seminário desejamos dois dias de colheita de saber diversificado e de convívio fraterno, cujas conversas não sejam apenas sobre crime, mas se estendam à trivialidade da vida.

Quero ainda e publicamente agradecer a todos os que contribuíram para que este Seminário se realizasse: à Livraria Almedina, às Fundações Montepio Geral e Calouste Gulbenkian e a todas as outras entidades que nos quiseram apoiar. Permitam-me, ainda, que destaque o trabalho desenvolvido pela Dr.ª Michele Soares, pelas agentes Lurdes Ataíde e Teresa Antunes, pela Dr.ª Cristina Reis e, ainda, pela agente Paula, que tudo fizeram para que o Seminário fosse um sucesso. Muito obrigado.

2. Terminados os agradecimentos, que foram muito poucos, cumpre-me falar um pouco do Seminário que agora se inicia.

MIGUEL TORGA escreveu que *"a vida é feita de pequenos nadas"* [1], mas que juntos constroem uma obra. Lema que nos acompanha no "nada" dos nossos dias para uma criminalidade crescente, cujas ramificações não se descortinam com simplicidade e cujos efeitos se estilhaçam por entre as pessoas que sentem, vêem e pensam. É neste ponto que assenta a base deste encontro por ser uma tentativa de

---

[1] MIGUEL TORGA, "Bucólica", *in Poesia Completa*, 2.ª Edição, Publicações D. Quixote, 2000, pp. 103 - 104

Discurso de Abertura | 15

frisar que a criminalidade de massa, cujo aumento anualmente se sente – nem que seja no quadro cognitivo –, é o alfobre e o suporte da criminalidade organizada, sendo esta nihilificada se a proliferação daquela for estagnada.

Um estudo mais pormenorizado das duas famigeradas faces da criminalidade, permitir-nos-á, por um lado, um conhecimento mais cuidado, por outro, encontrar melhores caminhos da encruzilhada do delinquente com a vítima, e, ainda, tomar consciência dos perigos físicos e psíquicos que representam não só certas ameaças – como o fenómeno do terrorismo –, mas também de fenómenos criminógenos que não sentimos e que afectam larga e fortemente o desenvolvimento harmonioso da comunidade.

O Instituto, por meio do seu Centro de Investigação, promoveu ao longo do ano lectivo de 2004/05 dois colóquios e um seminário dedicados ao tema central **Segurança Interna,** cujas prelecções do I Colóquio já se podem ler na edição da Almedina e partilhar com um público mais diversificado que os participantes de tais eventos, sendo que os textos do II Colóquio serão, brevemente, publicados e apresentados.

Dos Colóquios sobre Segurança Interna surgiu a Pós-Graduação em Segurança Interna, cujos alunos são oriundos de várias áreas do saber e áreas profissionais, que pretendem aprofundar os estudos e conhecimentos referentes às questões nevrálgicas e colaterais da Segurança Interna.

Ao longo deste ano lectivo, temos agendados, com o apoio do Gabinete Coordenador de Segurança, da Faculdade de Direito da Universidade do Porto (no Porto), da Universidade do Algarve (em Faro), e no Instituto Superior de Ciências Policiais e Segurança Interna (em Lisboa), conferências dedicadas aos temas das **Reuniões e Manifestações**, tendo como base o DL n.º 406/74, de 29 de Agosto e um estudo legislativo, e sobre um estudo legislativo sobre **Actuação Policial**, cujos textos de base estão publicados nos **Estudos de Homenagem ao Professor Doutor Germano Marques da**

Silva e no **Volume Comemorativo – 20 Anos do ISCPSI**. Projecto este que se encontra em fase de ultimação.

3. O Seminário Internacional que se inicia, hoje, ligado à Pós-Graduação em Segurança Interna, tem como escopo reflectir sobre as interferências e as ingerências mútuas e a permeabilidade que existe entre a criminalidade organizada e a criminalidade de massa e, ainda, promover uma formação de "banda larga" para aqueles que têm como missão a prevenção do crime – **evitar que o perigo se transforme em dano** – e, também, fomentar a interacção e o convívio entre os elementos das várias forças e serviços de segurança e, acima de tudo, convivermos falando de uma realidade que dorme, acorda e vive connosco.

Termino dizendo-vos que, quando decidimos pelas datas de 14 e 15 de Fevereiro de 2006, não nos ocorreu que, hoje, era o dia de S. VALENTIM. Confesso-vos que não foi "organizado" nem "intencional" este nosso (meu) crime, pois foi espontâneo e sem intenção de magoar os cultores deste dia. Contudo, penso que podemos reflectir sobre um tema que nos acerca o espírito e como MIGUEL TORGA vivermos por entre "searas onduladas/pelo vento..."[2].

Lisboa, 14 de Fevereiro de 2006

MANUEL MONTEIRO GUEDES VALENTE
Director do Centro de Investigação

---

[2] MIGUEL TORGA, "Bucólica", *in Poesia Completa*, 2.ª Edição, Publicações D. Quixote, 2000, pp. 103.

CONFERÊNCIAS E ESTUDOS

TERRORISMO
E DIREITOS FUNDAMENTAIS

JOSÉ JOAQUIM GOMES CANOTILHO
Professor Catedrático da Faculdade de Direito
daUniversidade de Coimbra

§§ 1.º
Direito Constitucional e Direito Penal
Raízes e cumplicidade

O terrorismo semeia o terror nas estruturas fundantes do direito constitucional e do direito penal. Estes dois direitos parecem mesmo transportar a cruz da ruptura antropológica que os dilacera. O golpe fractal vai até tão fundo que, segundo alguns autores, são as próprias raízes ônticas do direito penal (e, também, como veremos do direito constitucional) a sofrer com os exorcismos e estigmas dos novos *slogans* securitários tais como o *Law and Order*, *Zero Tollerance* e *Broken Windows*.

Do lado do direito constitucional, as críticas são dirigidas contra o "garantismo", "hipergarantismo" ou "veterogarantismo" que, ao erguer-se a "cultura dominante" e "unidimensionalizante" de criminalistas e constitucionalistas, acabou, mau grado as boas intenções dos seus defensores, por converter-se em "ideologia jurídica de suporte de organizações criminosas"[1]. No banco dos réus, sentam-se

---

[1] Precisamente nestes termos, GLADIO GEMMA, "Costituzionalismo, Costituzione e Criminalitá organizatta", in *Archivio di Diritto Costituzionale*, 4/2004, p. 179.

todos aqueles que continuam a ver no "poder coercivo do Estado", mesmo que legítimo, a expressão tirânica da "raison d'État"[2]. A reserva mental com que se procede ao reconhecimento e configuração do poder coercitivo do Estado por parte da "cultura hipergarantística" justifica e explica a leitura da Constituição à luz de uma pré-compreensão negativa da autoridade do Estado. No plano do direito penal (e processual penal) as refracções do hipergarantismo explicam também a superlativização da cultura iluminístico-liberal centrada na protecção do *criminoso* com quase completo desprezo da *vítima*. O direito penal do cidadão – o *Bürgerstrafrecht* – equivale a um "direito penal do criminoso" e o direito constitucional das liberdades e garantias implica a centralidade do "direito constitucional à liberdade do crime"[3]. Os custos constitucionais e penais do hipergarantismo não devem subestimar-se. Por um lado, radica na cultura hipergarantística o longo e dramático processo das "desvitimizações". Só nos tempos mais recentes se conseguiu a "redescoberta da vítima" e se ousou falar da *carta dos direitos das vítimas de actos criminosos*[4]. Consequentemente, também não é de admirar que o giro antropológico, quer no direito constitucional quer no direito penal, seja paradoxalmente tributário da "consciencialização cidadã" provocada pela criminocracia, ou seja, pela criminalidade organizada ostensivamente aniquiladora do sistema de direito do Estado de direito democrático-constitucional. A exuberância de *Unrecht* imposta pelos macropoderes criminosos obrigou à dramática revisão dos

---

[2] O autor mais exposto à crítica referida no texto parece ser L. FERRAJOLI, *Diritto e ragione. Teoria del garantismo penale*, Bari, 1989. Uma análise do garantismo pode ve-se no livro organizado por Gianformaggio (org.), *Le Ragione del garantismo. Discutendo com Luigi Ferrajoli*, Torino, 1993.

[3] A fórmula pertence a MANTOVANI, *Diritto Penale*, p. 721, mas importámo-la de Gemma, "Costituzione, cit., p. 148.

[4] Vide, desde logo, NORMANDEAU, "Pour une charte des droits des victims de actes criminels", in *Revue de Science Criminelle et de droit pénal comparé*, 1983, p. 211.

dogmas garantísticos: deve dar-se prioridade à tutela da vítima em relação à protecção do criminoso; deve afirmar-se como teleologia intrínseca do direito penal e processual a tutela do inocente ("das vítimas inocentes") e não do autor considerado culpado. A condensação normativo-constitucional e normativo-penal dos direitos do arguido não é cautelosamente posta em causa, mas insiste-se na injustiça da absolutização dos direitos dos réus culpados quando eles extravasam da tutela da inocência ou da aquisição da verdade e se traduzem, em último termo, na infra-valoração da tutela primária das vítimas (essas, sim, os "verdadeiros inocentes").

O discurso "anti-garantístico" insinua, como é bom de ver, que a "Constituição dos direitos" e o "direito penal da liberdade" devem ser lidos ao contrário. O repto atinge o seu paroxismo nos tempos mais recentes em campos minados de "inimizades" e de prevenção. É aqui que mais uma vez é posta à prova a ideia deste ponto do nosso trabalho, ou seja, raízes e cumplicidade dos direitos constitucional e penal.

a) O direito penal do inimigo (Feindstrafrecht)

Não é esta a altura para, em termos sistemáticos e globais, analisar as várias refracções, no campo do direito constitucional, do movimento jurídico, cultural e ideológico, que se costuma designar por *Feindstrafrecht*. Carecemos de competência para uma pronúncia crítica fundamentada sobre as dimensões penais estruturantes deste mesmo movimento[5]. Alinharemos, por isso, apenas algumas considerações que julgamos relevantes para o tema deste trabalho. Em primeiro lugar, para não haver dúvidas que o *direito penal contra o inimigo* pretende ser uma "terceira velocidade" na perseguição do

---

[5] Há literatura acessível, começando, desde logo, pelo texto básico do corifeu deste movimento: G. JAKOBS/M. CANCIO MELIÁ, *Derecho Penal del Enemigo*, 2003, Madrid.

crime assente numa caixa de valores jurídicos, dogmáticos e ideológicos, substancialmente diferente do direito penal liberal-iluminístico. Este – o chamado *Bürgerstrafrecht*, ou seja, direito penal do cidadão – estrutura-se segundo um código de princípios de direito penal e de direito processual que agora encontram dignidade constitucional formal na maioria das leis fundamentais (princípio da legalidade, princípio da não retroactividade das leis penais, princípio de *non bis in idem*, princípio da inocência do arguido, princípio das garantias de defesa do réu, princípio do acusatório, princípio da reserva do juiz, etc.).

O "Direito penal contra o inimigo"[6] que hoje exerce profunda influência sobre alguns sistemas penais, designadamente o norte--americano e o europeu, tem testado o acerto das suas propostas constitucionais e penais em três sectores das políticas e legislações criminais – a legislação anti-terrorista, a criminalidade organizada e a delinquência sexual (pedofilia e pornografia *on line*). Um traço comum da legislação inspirada no "direito penal contra o inimigo" é o que na doutrina germânica se designa por "criminalização antecipada" (*Vorfeldkriminalisierung*) fundamentalmente reconduzível a: (1) tutela marcada e intencionalmente antecipada de bens jurídicos (segurança, ordem, bens materiais e pessoais); (2) centralidade do paradigma do crime de perigo indirecto de forma a possibilitar a incriminação de condutas que, em abstracto, se revelam inidóneas e desadequadas para criar aquelas situações de perigosidade legitimadoras de antecipação de intervenção penal; (3) formulação estrutural dos pressupostos (*Tatbestände*) incriminadores, com especial subvaloração dos pressupostos objectivos essenciais do direito penal caracterizadores do *Täter (Gesinnung) strafrecht*; (4) inversão do *onus probandi* atenuando a presunção de inocência do arguido; (5) radica-

---

[6] Dizemos contra o inimigo e não do inimigo porque o genitivo *de* sugere sentidos contraditórios.

lização da pena de prisão nos seus limites máximos e mínimos, e intensificação do rigor repressivo nas várias modalidades de execução de penas acompanhada de bloqueio a políticas criminais alternativas.

Associada a estas deslocações dogmáticas do direito penal, está a radical mudança de rumo quanto à teleologia intrínseca do próprio sistema penal e das bases antropológicas em que ele assenta. Por um lado, o funcionalismo sistémico, claramente assumido pelos defensores do "direito penal contra o inimigo", justifica a ideia de *res nullius* em que se transformam os réus. O "inimigo" nega-se a si próprio como *pessoa*, aniquila a sua existência como *cidadão*, exclui-se de forma voluntária e a título permanente da sua *comunidade* e do sistema jurídico que a regula. Mas não só isto. Agora, o fim da pena já não é o de uma função geral preventiva socialmente integradora, mas sim o da repressão expiatória através da segregação e neutralização do criminoso que, pelo seu comportamento, desestabilizou as expectativas normativas condividas pelos cidadãos, colocando-se em guerra contra o Estado e a comunidade[7].

É fácil de ver que a desestabilização do sistema penal, nos seus princípios e na sua dogmática, equivale também a uma radical alteração dos *princípios fundantes* e dos princípios estruturantes do direito constitucional. A própria natureza e caracterização dos dois direitos como "direitos fragmentários", um porque (o direito constitucional) se deve conceber como "ordem quadro fundamental", e, outro, (o direito penal) porque se autolimita como *ultima ratio* à protecção dos bens jurídicos criminais nos quadros do ordenamento jurídico-constitucional, sofre os efeitos da expansão do "inimigo". A pressão recai sobre as Constituições obrigando-as a rever os respectivos textos sobretudo no âmbito das liberdades e das garantias, transformando as regras em excepções e as excepções em regras

---

7 Cfr. G. JAKOBS, "Introduccion: la pena como contradición o como aseguramiento", in G. JAKOBS/M. CANCIO MELIÁ, *Derecho Penal del enemigo*, cit., p. 21.

(ex.: quanto às hipóteses de violação do domicílio, quanto à intercepção das comunicações, quanto à vigilância da privacidade, quanto à extradição de nacionais). O Estado de direito democrático-constitucional volta a albergar o *estado de excepção* como estado de necessidade sem as restrições do "direito de necessidade". O direito penal abre-se a novos tipos de ilícito e acolhe conceitos de eficácia que põem em dúvida a sua radical autolimitação de direito de *ultima ratio* transformando-o em instrumento de polícia e de cruzada contra os "inimigos". Um *direito penal de permanência,* com as mutações naturais da sua historicidade, evolui para um *direito penal de emergência.*

A cruz antropológica, de que falávamos no início, de constitucionalistas e penalistas, revela-se, pois, tragicamente pesada. A racionalidade instrumental orientada para os resultados (*Folgenorientierung*) legitima-se na incontornável tarefa, interna e internacional, de combate a todas as formas de terrorismo[8], colocando o direito constitucional e o direito penal e a sua *Wertorientierung*, em emergência defensiva.

b) *A extradição de cidadãos nacionais e o mandado de prisão europeu*

A cruz antropológica é também pesada na reconfiguração jurídica e política de institutos tradicionais como o da *extradição* ou de institutos modernos como o *mandato de detenção europeu.* Vamos "capturar" aqui algumas dimensões deste último instituto, pois é a compreensão dos valores "segurança, liberdade e justiça" erguidos a fundamentos do Terceiro Pilar da União Europeia que nos vai permitir ilustrar mais um foco de tensão entre os princípios fundantes do direito constitucional e do direito penal iluminístico-liberais,

---

[8] Cfr., por exemplo, A. CASSESE, "Terrorism as an International Crime", in A. BIANCHI (org.), *Enforcing International Law Against Terrorism*, Oxford, 2004, p. 213 ss.

com os novos esquemas de processualização do espaço penal europeu[9]. Os aspectos que nos parecem mais significativos podem esquematizar-se da forma que se segue.

i) *atenuação progressiva do princípio de legalidade penal*, sobretudo nas dimensões determinabilidade/tipicidade, num quadro pluralista das fontes de direito penal[10] conducente um esquema reticular e circular de soluções pluralistas, híbrido de políticas legislativas, de actuações judiciais, de dimensões jurisdicionais e de métodos de investigação policial;

ii) *desestadualização e desconstitucionalização* do sistema penal e afirmação de uma fungibilidade tendencial entre os ordenamentos penais dos estados membros;

iii) institucionalização de um sistema de cooperação judiciária onerado por uma clara *ambiguidade funcional*, dado que, para uns, o mandato de prisão europeu se reconduz a uma *extradição simplificada* e, para outros, de *territorialidade europeia*[11], e que radica sobretudo na atenuação da regra da dupla incriminação para um extenso leque de ilícitos penais;

iv) no plano estritamente constitucional, salienta-se a violação do *princípio da legalidade*, na dimensão positiva de reserva de lei, pois existe o risco de reconhecer poder incriminatório a entidades diversas dos legisladores democráticos (ex.: Conselho Europeu), além de se suscitarem problemas quanto às exigências de determinabilidade de incriminação e ao princípio da não retroactividade.

---

[9] Cfr. os trabalhos de SCHÜNEMANN, sobretudo o último: "Fortschritte und Fehltritte in der Strafrechtspflege der EU", in *Goltdammer's Archiv für Strafrecht*, 2004, p. 202 ss. Vide ainda Lugato, "La tutela dei diritti fondamentali rispetto al mandato di arresto europeo", in *Rivista di Diritto Internazionale*, 2003, p. 27 ss.

[10] Cfr., especificamente no campo do direito penal, M. DELMAS-MARTY, *Le flou de droit*, 2.ª ed., Paris, 2004.

[11] Veja-se, por exemplo, HEINTSCHEL-HEINEGG-ROHLFF, "Der Europäische Haftgefehl", in *Goltdammer's Archiv für Strafrecht*, 2003, p. 45.

Não interessa aqui proceder a uma análise crítica completa do mandato de detenção europeu. Tão pouco será oportuno reforçar as acusações que têm sido feitas a este instrumento de cooperação judiciária centrado na sua maldade congénita quanto à observância de princípios constitucionais e penais estruturantes como o princípio da igualdade, da legalidade e da culpa. Mais uma vez – e isto é que interessa realçar –, está em causa a ideia de um *jus commune criminalis*. A nível europeu, o alicerçamento de um *corpus juris* penal pressupõe a resolução de problemas constitucionais (expressos no Tratado de Constituição Europeia, art. III-257 e ss) como o da definição de uma competência penal directa da União Europeia, o reconhecimento mútuo de decisões judiciais (se necessário, através da aproximação das legislações penais) e a observância dos princípios da subsidiariedade e da proporcionalidade[12]. A afirmação de um *novo espaço jurídico* e a operacionalização de uma *rede judiciária europeia* poderão exigir aos juristas formados segundo o arquétipo liberal-iluminístico aberturas constitucionais e penais a favor da cooperação e coordenação, entre autoridades policiais e judiciárias, mas com duas condições fundamentais. A primeira é a de que as deslocações dogmáticas do direito penal não impliquem a completa subversão dos princípios antropológicos em que ele assenta. A segunda, é a de que o alargamento das muralhas incriminatórias e tipificadoras esteja ao serviço de valores (elevado nível de segurança, através de medidas de prevenção da criminalidade, do combate ao racismo e à xenofobia) e não ao serviço de "guerras" contra inimigos que coloquem o direito constitucional e o direito penal ao serviço das excepções perenes típicas dos estados constitucionais autoritários. O Estado de direito constitucional deve permanecer fiel aos seus princípios fun-

---

[12] Cfr. WERIGEND, "Der Entwurf einer Europäischen Verfassung und das Strafrecht", in *Zeitschrift für die gesammte Strafrecht*, 2004, p. 275 ss; BARTONE (org.), *Diritto Penale Europeo. Spazio giuridico e rete giudiciaria*, Padova, 2001.

dantes e rejeitar as insinuações vindas de vários quadrantes culturais, a começar pelo direito penal. Neste contexto, parecem-nos justas as palavras de Ferrajoli: "O Estado de direito não conhece amigos nem inimigos, mas só inocentes e culpados"[13].

c) A "sociedade de risco" e responsabilidade

O terceiro campo de experiências constitucionais e penais localiza-se na nebulosa política e jurídica da chamada *sociedade de risco*. Seria de todo em todo estultícia da nossa parte convocar para esta conversa as estimulantes análises que U. Beck e W. Luhmann dedicaram à sociedade de risco[15]. Aqui interessa apenas o aproveitamento que alguns autores fazem do "sentimento de insegurança" (*Unsichereitsgefühl*) e da "angústia tecnológica" típica da "sociedade de risco", para alicerçar novas teleologias e novas metodologias no direito constitucional e no direito penal. Também aqui, estes dois direitos parecem ter o mesmo fado.

A nosso ver, impõe-se uma clarificação prévia. Uma coisa é falar-se dos problemas de risco típico da civilização tecnológica (riscos químicos, atómicos, medicamentosos e ambientais) e das questões jurídicas a eles associados ("nova" definição de novos bens jurídicos, nova dogmática da ilicitude, da culpa e do nexo de causalidade) e outra, muito diferente, é articular o risco com dimensões psicológicas e ideológicas de forma a poder falar-se do risco existencial causado pelo outro (o "inimigo", o da outra "tribo" política, religiosa ou ideológica), legitimador, do recurso a acções preventivas e repressivas constitucionalmente legitimadas e instrumentalmente concretizadas por um "direito penal de risco". Por outras palavras: o risco legitimador dos princípios da precaução e da prevenção para a

---

[13] Cfr. L. FERRAJOLI, *Diritto e ragione*, cit. P. 321.
[14] Cfr. Precisamente U. BECK, *Risikogesellschaft. Auf dem Weg in eine Modern*, Frankfurt/M, 1986; W. Luhmann, *Soziologie des Risikos*, Berlin, 1991.

defesa do ambiente e dos direitos das gerações futuras não pode e não deve ser invocado para, seguindo a fenomenomologia das *labelling theories*, combater a "organizações de risco" quanto à segurança e defesa dos cidadãos.

Como salientamos no número anterior, é possível que o direito constitucional e o direito penal tenham de abrir-se a novos paradigmas, ou porque os cânones clássicos se revelam hoje inadequados, ou porque se revela inútil a tentativa da sua adaptação aos novos pressupostos de facto. Mas também estaremos de acordo que os princípios da precaução e da prevenção hoje erguidos a princípios constitucionais e jus-internacionais estruturantes do direito ao ambiente e à qualidade de vida não correspondem à antecipação da tutela através da formatação de crimes de perigo abstracto, de crimes de perigo hipotético e de "crimes de tentativa". Tão pouco os crimes de perigo abstracto podem dogmaticamente identificar-se com a responsabilidade pelo tipo e modo de produção (ex.: caso Seveso).

Se as observações anteriores estão correctas, então talvez se possa dizer que a articulação da sociedade de risco com o "sentimento de insegurança", como faz Jakobs, para forçar, em termos sistémico--funcionais, a reorientação do direito constitucional e do direito penal, outra coisa não é senão uma abusiva translação das angústias tecnológicas[16] para as angústias civilizacionais causadas pelas dialécticas paranóides dos terroristas humanos.

---

[15] Veja-se, a este respeito, o recente trabalho de LUIGI STORTINI, "Angostia Tecnologica ed Exorcismo Penale", un *Rivista di Diritto e Procedura Penale*, 1/2004, p. 71 ss.

§§ 2.º
Direito organizatório e polícias criminais
– O Estado de Prevenção

O terrorismo lança também o terror no direito organizatório das polícias criminais. A palavra de ordem parece ser esta: aperfeiçoamento dos esquemas organizatórios e funcionais que visam a defesa dos cidadãos perante os *perigos* e o *combate preventivo* da criminalidade.

Os actos terroristas de Nova York, Madrid e Londres, oferecem, hoje, o pretexto e o contexto para as novas problematizações jurídicas e políticas do combate à criminalidade organizada. O mote parece ser este: a criminalidade organizada combate-se através de um *direito organizatório mais organizado*. É de todos conhecido que luta contra o terror e, em geral, contra a criminalidade organizada não começou no "momento zero" de Nova York. As acções do IRA, da ETA, da RAF, das Brigadas Vermelhas, haviam já desafiado as autoridades do estado de direito a optimizarem as prestações dos seus corpos policiais e dos respectivos suportes logísticos e organizativos. Sendo assim, o que é que caracteriza, em termos políticos e jurídicos, a "nova era" de crimes terroristas? De um modo possivelmente redutor, ousaríamos afirmar que a criminalidade dos novos tempos – sobretudo a criminalidade organizada e terrorista – marca uma nova etapa quanto a duas questões nucleares:

a) espécie de ameaças,
b) contramedidas de combate a essas ameaças.

Basta pensar nos atentados suicidas para se concluir que o direito penal orientado para a *prevenção* geral e especial não possui armas suficientes para garantir o Estado de direito contra a criminalidade organizada mais existencialmente aniquiladora.

Por outro lado, a própria fenomenologia das organizações terroristas obriga à revisão de alguns dogmas, designadamente do dogma republicano-democrático da separação radical entre *segurança interna* e *segurança externa*. As dimensões acopladas de segurança interna e de segurança externa explicam, também, a revisão do direito de estrangeiros marcado por uma clara tensão entre as exigências humanistas da liberdade de ir e vir e as exigências garantísticas da segurança das pessoas e dos bens e dos próprios fundamentos do Estado de direito.

Esta contextualização serve agora para introduzir um esquema conceitual e categorial que deve merecer particular atenção a todos os operadores jurídicos. Estamos a referir-nos, concretamente, ao conceito de *Estado preventivo* (*Präventionsstaat*) e ao conceito de *arquitectura de segurança* (*Sicherheitsarchitektur*).

A interrogação que se coloca perante estes dois conceitos do moderno direito de polícia é esta: quais os traços jurídico-organizatórios de um "Estado de Prevenção" e de uma "arquitectura de segurança"? A nosso ver, as traves mestras da nova "arquitectura de segurança" são fundamentalmente três:

(*a*) legitimação de *parcerias de segurança* e de cooperação internacional e comunitária europeia;

(*b*) estratégia coerente quanto à troca de informação pelos diversos serviços;

(*c*) centralização dos bancos de dados;

O problema estritamente político-organizatório que estas parcerias de segurança, suscitam quanto à troca de informação e centralização de dados é o de saber em que medida os arranjos organizativos funcionalmente adequados para o combate eficaz a "criminocracia" contemporânea se acomodam às traves mestras do Estado de direito democrático. Por outras palavras: a nova "arquitectura de segurança" tem de passar pelo teste de suportabilidade e sustentabilidade exigido pelas fundações jurídico-constitucionais do Estado de Direito

EL TRÁFICO DE SERES HUMANOS ANTE LA LEY ESPAÑOLA[1]

NIEVES SANZ MULAS

Profesora de Derecho Penal
en la Universidad de Salamanca

SUMARIO: I. DELINEAMIENTOS GENERALES DEL FENÓMENO MIGRA-TORIO: 1. Factores en los países emisores. 2. Factores en los países receptores. II. LA INMIGRACIÓN CLANDESTINA COMO NEGOCIO DE LAS ORGA-NIZACIONES CRIMINALES. III. FENOMENOLOGÍA DEL TRÁFICO DE PERSONAS: 1. Delineamientos a nivel mundial: A) Países de destino. B) Países de origen. C) Rutas de tránsito. 2. Las cifras españolas. 3. Un negocio muy lucrativo. IV. INSTRUMENTOS INTERNACIONALES: 1. Los Protocolos de Naciones Unidas. 2. La Decisión-Marco de la Unión Europea relativa a la lucha contra la trata de seres humanos de 2002. 3. Las Recomendaciones del Consejo de Europa. V. NORMATIVA ESPAÑOLA EN MATERIA DE EXTRANJERÍA. VI. EL TRÁFICO DE PERSONAS EN EL ORDENAMIENTO JURÍDICO ESPAÑOL: 1. Delineamientos generales. 2. Figuras delictivas: A) El tráfico ilegal de personas (art. 318 bis CP). B) El tráfico ilegal de mano de obra extranjera (art. 313 CP). 3. Un punto de reflexión. VII. EL TRAFICO DE PERSONAS PARA SU EXPLO-TACIÓN SEXUAL. LA TRATA DE BLANCAS: 1. Perfiles del problema. 2. Regulación de la prostitución en el Código penal español. 3. De nuevo el castigo del rufián o proxeneta. 4. La trata de blancas como negocio de las organizaciones criminales. 5. Reflexiones finales. VIII. CONCLUSIONES VALORATIVAS. BIBLIOGRAFÍA.

---

[1] Artículo publicado en Cuadernos de la Guardia Civil, Revista de Seguridad Pública, n.º XXXIV, año 2006, 2.ª época, pp. 9 a 19 y en Ciencia Policial Estudios, n.º 81, Febrero-2007, Instituto de Estudios de la Policía, Subdirección General del Gabinete de la Dirección General de Policía y de la Guardia Civil, pp. 39 a 81.

"La prueba que enfrentamos en nuestro progreso no es si somos capaces de aumentar el patrimonio de los que tienen mucho, sino si podemos entregar lo suficiente a los que tienen demasiado poco".

Presidente Franklin ROOSEVELT, 1937

I

Delineamientos generales del fenómeno migratorio

Si hay un fenómeno caracterizador de comienzos del presente siglo, este es sin duda el incremento sin precedentes de la migración. El incesable movimiento de personas desde las zonas más pobres del planeta hacia las más ricas; de la tradicional pobreza del Sur a la riqueza del Norte. Un fenómeno hijo del proceso de reestructuración social y económica que trajo consigo la globalización, con la consiguiente exclusión social de pueblos y territorios enteros, y la concentración del poder y los beneficios en torno al triángulo conformado por la Unión Europea, Estados Unidos y Japón[2]. Condiciones éstas que explican, y justifican, unos flujos migratorios, que de no producirse –estamos de acuerdo con ZÚÑIGA– significaría la condena a muerte de millones de personas[3].

En cualquier caso, los datos son, ciertamente, significativos: en 2005 había 191 millones de migrantes, de los que más de 175 millones se desplazaron por motivos económicos. La Organización

---

[2] TERRADILLOS BASOCO, J. M., "Tráfico ilegal de emigrantes", en ZÚÑIGA RODRÍGUEZ – MENDEZ RODRÍGUEZ-DIEGO DÍAZ SANTOS, (coord..,), *Derecho penal, sociedad y nuevas tecnologías*, Madrid, Colex, 2001, p. 14.

[3] ZÚÑIGA RODRÍGUEZ, L., "El inmigrante como víctima: contradicciones del tratamiento penal del fenómeno de la inmigración", en DIEGO DÍAZ-SANTOS – FABIÁN CAPARRÓS – RODRÍGUEZ GÓMEZ (coord.), *La reforma penal a debate*, XVI Congreso Universitario de Alumnos de Derecho Penal, Universidad de Salamanca, Salamanca, 2004, p. 109.

Internacional del Trabajo (OIT) calcula que 86 millones de los 175 millones de migrantes internacionales en el año 2000 eran trabajadores económicamente activos y estaban distribuidos del siguiente modo: África (7,1 millones), Asia y Medio Oriente (25 millones), Europa incluida Rusia (28,5 millones), América Latina y el Caribe (2,5 millones), Norteamérica (20,5 millones) y Oceanía (2,9 millones)[4]. Y la tendencia continúa, y a un ritmo trepidante, pues sólo en nuestro país –según datos aportados por el Ministerio de Trabajo y Asuntos Sociales– a 30 de junio de 2006 eran 2.804.303 los extranjeros con tarjeta o autorización en vigor[5], y ello sin contar con los "sin papeles", que puede superar la cifra de 1.600.000 personas[6].

Si bien se presupone que son actuaciones consentidas, luego que no interesan al Derecho penal sino al Derecho administrativo –en particular a las leyes de extranjería–, la realidad, sin embargo, nos demuestra que suelen ir acompañadas del empleo de engaño, violencia, intimidación, e incluso de atentados a la vida, la integridad física (tráfico de órganos o violencia ejercida para controlar a la víctima), o la libertad sexual. Irrumpe, por tanto, en tipos delictivos clásicos como las amenazas, coacciones, detención ilegal, lesiones, prostitución forzada y agresión y abuso sexual[7], y en otros de triste actualidad como la inmigración clandestina de personas para su explotación

---

[4] http://www.ilo.org/public/spanish/bureau/inf/download/ecosoc/migration.pdf

[5] http://extranjeros.mtas.es

[6] Paradójicamente, la comunidad marroquí, la más cuantiosa en número de tarjetas de residencia y empadronamientos, queda relegada a un segundo plano a la hora de hablar de extranjeros ilegales en territorio español. Ecuatorianos, rumanos, colombianos y argentinos, en este orden, son las principales nacionalidades que engrosan las bolsas de la inmigración ilegal en nuestro país. *Vid.*, en http://www.el-mundo.es/especiales/2005/02/sociedad/inmigración/cifras/

[7] SÁNCHEZ GARCÍA DE PAZ, I., "Inmigración ilegal y tráfico de seres humanos para su explotación laboral o sexual", en DIEGO DÍAZ-SANTOS – FABIÁN CAPARRÓS (coord..), *El sistema penal frente a los retos de la nueva sociedad*, Colex, Madrid, 2003, pp. 113 y ss.

laboral y sexual. De ahí, y lógicamente, que se haya convertido en un fenómeno con un interés político-criminal de primer orden. Pero, ¿cuáles son los factores que contribuyen a las enormes dimensiones que esta problemática está adquiriendo al día de hoy y con contornos claramente mundiales? Conocer los motivos es el ineludible primer paso, porque concordamos con TERRADILLOS en que "una política social que desconozca las causas exógenas no podrá ser considerada democrática, y una política criminal que pretenda cotas aceptables de eficacia deberá centrarse en la neutralización de las endógenas"[8].

1. Factores en los países emisores

El primer motivo, que duda cabe, radica en el diferente nivel de vida habido entre unas y otras realidades. La existencia de situaciones de pobreza, de falta de satisfacción de las necesidades básicas, originadas por las guerras, dictaduras opresoras, desastres medioambientales producto de la industrialización depredadora, catástrofes naturales o epidemias, convierten a los países del primer mundo en el foco de atracción de los países subdesarrollados, y los medios de comunicación se convierten en el escaparate ideal para ello[9]. Son, por tanto, causas de atracción, entre otras: la prosperidad económica, la sanidad, la estabilidad política, y las enormes diferencias en los niveles de desarrollo humano y social de las diferentes regiones.

Según el Informe del Programa de Naciones Unidas para el Desarrollo de 2005, hoy en día es prácticamente posible prevenir todas las muertes en la infancia y, sin embargo, cada 2 minutos mueren 4 personas de paludismo (de las que 3 son niños). El 98%

---

8 TERRADILLOS BASOCO, J. M., "Tráfico ilegal de emigrantes", *op. cit.,* p. 16.

9 SÁNCHEZ GARCÍA DE PAZ, I., "Inmigración ilegal y tráfico de seres humanos para su explotación laboral o sexual", *op. cit.,* p. 116.

de estos niños son de países pobres al igual que las 500.000 mujeres que mueren cada año por causas relacionadas con el embarazo. Todavía 1 de cada 5 habitantes del mundo, esto es, más de mil millones de personas, sobrevive con menos de 1 dólar al día. Otros 1.500 millones lo hacen con 1 o 2 dólares. En un mundo de abundancia millones de personas sufren hambre todos los días. Más de mil millones de personas carecen de acceso al agua limpia no contaminada 2.600 millones no disponen de saneamiento. Todavía se niega la educación básica primaria a unos 115 millones de niños, la mayoría de ellos viven en África Subsahariana y Asia Meridional. Y es que las diferencias entre el primer y el tercer mundo son enormes: alguien que haya nacido en Burkina Faso puede esperar vivir 35 años menos que si hubiese nacido en Japón, y alguien nacido en la India vivirá 14 años menos que si naciera en Estados Unidos; el gasto per cápita en salud va desde los 3.000 dólares en los países ricos, y que tienen los riesgos de salud más bajos, y los 78 dólares en los países de ingresos bajos, pero con riesgos más elevados. Y es que los indicadores actuales nos señalan que un niño nacido ahora en Zambia tiene menos probabilidades de sobrevivir más allá de los 30 años que un niño que nacía en Inglaterra en 1840[10].

En Europa, concretamente, el triste peregrinaje que siempre supone la emigración tiene su origen en la desintegración de Estados multiculturales, como la antigua Unión Soviética o Yugoslavia, acompañada de conflictos étnicos y religiosos –muchas veces expresados en guerras civiles y limpiezas étnicas–, o como poco en regímenes inestables políticamente y altamente corruptos, además de económicamente empobrecidos.

---

[10] http://hdr.undp.org/reports/global/2005/espanol/pdf/HDR05_sp_chapter_1.pdf

2. Factores en los países receptores

En los países "de destino", de su parte, ha crecido la oferta de trabajo, debido al progresivo envejecimiento de la población autóctona y el descenso de las tasas de natalidad, situaciones que han reducido drásticamente las cifras de población activa.

Según datos de Eurostat, en 2005 la población en la Unión Europa alcanzaba los 463 millones de habitantes, y ello gracias sobre todo a la emigración[11], pues sino fuera por ella, con la tasa de natalidad existente (1,5 hijos por mujer), podría caer en un 20% en los próximos 50 años. Esto es, se estima que la Unión Europea necesita aproximadamente 40 millones de extranjeros para mantener el actual nivel económico y hacer frente a las pensiones de una población cada vez más envejecida. En España los inmigrantes están sacando a la Seguridad Social de la bancarrota. Nuestro país necesita admitir 240.000 extranjeros anuales hasta 2050 para mantener su fuerza de trabajo por ser uno de los países más envejecidos del mundo con una natalidad del 1,2%. Sin los inmigrantes, Alemania, Italia y Grecia hubieran ya perdido habitantes[12].

Una demanda de mano de obra que, sobre todo, se centra en los sectores laborales más penosos, o incluso peligrosos, que no requieren cualificación alguna. Todo ello debido al aumento del nivel educativo y de capacitación profesional en los países desarrollados, lo que determina que la fuerza de trabajo nacional aspire a puestos superiores, con lo que quedan sin cubrir los no cualificados.

En el 2006, por sector de actividad, los extranjeros (incluyéndose los de doble nacionalidad) aportaron el 13% de la fuerza total de trabajo ocupándose, sobre todo, de: servicios de restauración, servi-

---

[11] http://epp.eurostat.ec.europa.eu
[12] www.antorcha.org/hemer/inmigra.htm

cio doméstico[13], protección y vendedor de comercio (17,4%), agricultura y pesca (6,8%), artesanos, industrias manufactureras, construcción y minería (15,5%), operadores de instalaciones, maquinarias y montadores (8,6%), trabajos no cualificados (30,7%) y fuerzas armadas (3,9%)[14].

II

La inmigración clandestina como negocio de las organizaciones criminales

Como veíamos, la globalización de la economía ha incrementado, todavía más, las distancias entre el Norte y el Sur, provocando una marginalización y empobrecimiento progresivo de sectores cada vez más amplios de la población mundial. En consecuencia, de los países pobres del Tercer Mundo es desde donde parten los movimientos migratorios de personas hacia los países ricos e industrializados, entre los que parece ser al día de hoy también se encuentra el nuestro. Unos países que, sin embargo, y de forma paralela, desarrollan unas líneas estratégicas de restricción, de endurecimiento de sus respectivas políticas migratorias –mediante el establecimiento de requisitos y controles más fuertes en todas las entradas a sus territorios–, con lo que crecen enormemente las dificultades de obtener un permiso de trabajo y residencia. Y de esta contradicción, precisamente, es de la que se alimenta el crimen organizado.

Esto es, las redes organizadas encuentran en esta "desgracia internacional" un filón de beneficios, al proveer, o mejor dicho

---

[13] Si bien este tipo de actividades (labores de limpieza, cuidado de niños y ancianos, etc.) se desarrollan generalmente en el ámbito de la economía sumergida, sin contrato ni alta en la Seguridad Social.

[14] http://wonkapistas.blogspot.com/2006.

"vender" (a precios, por supuesto, desorbitados), a todas esas personas ansiosas de una vida mejor, todos los trámites necesarios –entrada clandestina en el país, documentación falsa, trabajo ficticio, alojamiento, etc.– para huir de la pobreza, la guerra y la penuria de sus países de origen[15]. Porque pese a todas las trabas –y como con razón asevera DE LEÓN– "los flujos de migración son incontrolables y las personas siguen pensando en el desplazamiento como la única salida a unas vidas y unos mundos de gran desigualdad y desequilibrio"[16]. Y esto tiene como efecto el que se acreciente la migración clandestina e ilegal, que convierte, sobre todo a las mujeres, en presa fácil de los sistemas de explotación laboral y sexual[17].

En definitiva, y haciendo nuestras nuevamente las palabras de ZÚÑIGA, "el traficante de personas existe cuando colocamos a un grupo de personas al margen de la legalidad, lo cosificamos, al desconocerle cualquier derecho, porque se encuentra en una situación de indefensión, de vulnerabilidad tal que no tiene capacidad de denunciar, ni de defenderse frente a los abusos que pueden ser objeto"[18].

III

Fenomenología del tráfico de personas

1. Delineamientos a nivel mundial

Para comenzar, es necesario ofrecer algunos datos estadísticos en aras a conocer las verdaderas dimensiones del problema. De acuerdo

---

[15] MAQUEDA ABREU, M. L., *El tráfico sexual de personas,* Tirant lo Blanch, Valencia, 2001, p. 24.

[16] DE LEÓN VILLALBA, F. J., *Tráfico de personas e inmigración ilegal,* Tirant lo Blanch, Valencia, 2003, p. 24.

[17] MAQUEDA ABREU, M. L., *El tráfico sexual de personas, op.cit.*, p. 16.

[18] ZÚÑIGA RODRÍGUEZ, L., "El inmigrante como víctima: contradicciones del tratamiento penal del fenómeno de la inmigración", *op. cit.,* p. 121.

con informes del Gobierno norteamericano se calcula que cada año son víctimas del tráfico de personas entre 700.000 y 2.000.000 de mujeres y niños[19]. Ya en el año 2000 informes de Europol estimaban que el número de inmigrantes ilegales residentes en la Unión Europea oscilaba entre 4 y 6 millones de personas[20], y si a esto le unimos el hecho de que cada año más de un millón de "sin papeles" prueba suerte en la fortaleza europea[21], las cifras sin duda se disparan... Lo que sí podemos aseverar es que, a nivel internacional, los flujos migratorios se desenvuelven del modo siguiente:

a) Países de destino

Como polos de atracción encontramos fundamentalmente a Canadá, Estados Unidos, Europa Occidental (principalmente Suiza –donde entre un 15% y un 25% de la población es inmigrante– el Reino Unido, Alemania, Austria, Italia, España, Holanda, Bélgica, Francia, Suecia y Grecia), Australia, países del Oriente próximo –como Arabia Saudí– (en algunos el 50% de la población es inmigrante) y Japón.

b) Países de procedencia

De los inmigrantes que entran en Europa algunos son africanos (sobre todo Marruecos y Nigeria, también Angola, Guinea, Malawi, Sierra Leona, Somalia, Senegal, Ghana, Congo, Sudán, Etiopía, Argelia, etc.), algunos de Asia (Afganistán, China, India, Pakistán, Irán, Irak, Turquía, Sri Lanka, y China principalmente) y de Europa

---

[19] Informes reseñados en el Boletín Trimestral *"Trafficking inmigrants"*, de la Organización Internacional de Migraciones, "Existen formas de detener el tráfico mundial de migrantes", n.º 21, 2000, pp. 5 y ss. Y "Nuevas cifras de la OIM sobre la escala mundial del tráfico de personas", n.º 23, 2001, p. 1.

[20] *Vid.,* en *"Report on the Organised Crime Situation in Council of Europe Member States. 1999"*, PC-S-CO (2000) 17, section 2.9, p. 56 y section 2.10, p. 58.

[21] http://www.univision.com

Central, Este y Sudeste (República Checa, Rumania, Bulgaria, países de la antigua Yugoslavia, Ucrania y Albania).

c) *Rutas de tránsito*

Las principales rutas utilizadas por las redes que dirigen la inmigración ilegal son las siguientes[22]:

1. *Dentro de Europa*, la ruta de los Balcanes para los procedentes de los países del este de Europa hacia Europa occidental, y la ruta mediterránea de albaneses a Italia.

2. *De Asia a Europa* encontramos dos rutas. Por un lado, la ruta de los Balcanes, por la que transitan kurdos, iraníes e iraquíes a través de Turquía y Grecia. Por otro, la ruta de los Bálticos, utilizada por los procedentes de Asia, que pasan a través de Rusia, los Estados Bálticos, los Estados nórdicos hasta llegar al occidente europeo. También, en particular, Polonia es utilizada por bielorrusos y asiáticos, y Hungría por los procedentes tanto del este de Europa como de Asia. También se detecta el tránsito de chinos a través de Rusia.

3. *De África a Europa* se utiliza la llamada ruta mediterránea, desde el norte de África –sahariana y subsahariana– hacia España, Italia y Grecia.

4. *De África a Asia* se observa el tráfico de mujeres de África central y occidental (Malí, Etiopía, Benin, etc.) a países de oriente próximo y el golfo, generalmente para el trabajo doméstico.

5. *Dentro de África,* aun siendo éste un continente fundamentalmente emisor, la existencia de diferentes grados de pobreza muestra que incluso países como Nigeria –también Costa de Marfil y Burkina Faso–, fuente de emigrantes hacia Europa,

---

22 SÁNCHEZ GARCÍA DE PAZ, I., "Inmigración ilegal y tráfico de seres humanos para su explotación laboral o sexual", *op. cit.,* pp. 121 y 122.

reciben personas de países africanos más pobres como Malí y Benin. Generalmente se trata de niños explotados como trabajadores en plantaciones, como sirvientes domésticos o en la industria del sexo.

6. *Dentro de Asia* encontramos varias rutas tradicionales: el tránsito de mujeres destinadas a la prostitución procedentes del sudoeste asiático (Tailandia, Indonesia, Filipinas) hacia Japón; también desde Nepal y Bangladesh a la India y Pakistán; de mujeres y niños desde Vietnam y Camboya a China, Tailandia y Singapur. Por otra parte, es tradicional el tráfico de trabajadores de Asia meridional –en muchos casos mujeres destinadas al trabajo doméstico en condiciones de servidumbre; también de niños para que actúen como "jockeys" de camellos– a países de Oriente próximo y del Golfo pérsico (Emiratos Árabes Unidos, Kuwait, Arabia Saudí, Líbano, etc.); así como a Australia.

7. *De América del Sur a Europa* el tránsito utiliza vía aérea, en gran medida a través de España.

8. *Dentro de América* el tránsito se produce de América del Sur y Central a Estados Unidos y Canadá, generalmente por vía terrestre a través de México y su destino es la explotación laboral y sexual.

La famosa ruta México-Estados Unidos es en la actualidad más noticia que nunca, pues el gobierno americano está construyendo un muro fronterizo de 595 kms + 804 kms de barreras para el paso de automóviles, en aras a evitar la entrada de ilegales desde México, lo que le convertiría en el más largo del mundo (la frontera que construye Israel para separarse de los territorios ocupados será de 700 kms). El Senado aprobó el proyecto el 17 de mayo de 2006 y supondrá un coste aproximado de unos 6.000 millones de dólares.

2. *Las cifras españolas*

Es obvio que España, en pocos años, ha pasado de ser un país de emigración[23] a ser un país de inmigración. Los factores que han contribuido a ello son, entre otros, su avance social y económico[24], su ubicación geográfica (conexión África-Europa), su pasado colonial y la similitud cultural o lingüística (sobre todo con respecto a Latinoamérica). Sea debido a una cosa u otra, lo que es indudable es que a día de hoy España es el primer receptor de inmigrantes de la Unión Europea (652.300 en 2005) seguido por Italia (338.100), según datos de la oficina europea de estadísticas (Eurostat) correspondientes al año 2005[25]. Entre España, Italia, Reino Unido y Alemania sumaron el 76% de las migraciones en Europa.

Según el avance del padrón municipal publicado el 26 de julio de 2006 por el Instituto Nacional de Estadística, la población residente en España a 1 de enero de 2006 alcanzaba los 44,39 millones de habitantes, de los que 40,51 millones son de nacionalidad española y 3,88 millones son extranjeros (el 8,7% del total)[26].

Comparando las cifras del padrón a primeros de los años 2005 y 2005, la población de nuestro país creció en unas 420.000 personas

---

[23] Hace 25 años aproximadamente 2 millones de españoles residían en el extranjero, principalmente en Latinoamérica. *Vid.*, en EL PAÍS, 3 de diciembre de 2003.

[24] Mientras que en 1978 el PIB per cápita se situaba en un índice de 70 frente a la media de los países de la UE (100), en el 2002 se situaba en 84 y en el 2003 en 87, según datos del INE. En suma, los españoles disponemos de mayor riqueza y consumimos el 21% más de media que en 1978. *Vid.*, en *El País*, 3 de diciembre de 2003.

[25] Eurostat advierte, no obstante, que las cifras podrían estar infladas en el caso de estos dos países debido a los procesos de regularización que podrían haber contabilizado a inmigrantes llegados en años anteriores. De cualquier forma, en el caso español, los datos de Eurostat corresponden a estimaciones realizadas sobre datos proporcionados por el Instituto Nacional de Estadística (INE), correspondientes al año 2004. *Vid.*, en EL PAIS, 28 enero 2006.

[26] www.antorcha.org/hemer/inmigra.htm

durante 2005. La mayoría de las nuevas inscripciones corresponden a ciudadanos. El dato es espectacular: en 1996 el número de foráneos era de 542.314, por lo que en una década la cifra se ha multiplicado casi por siete. El porcentaje de población extranjera en España ya supera al de Francia (8 por ciento) y se sitúa muy cerca de Bélgica (8,7), Alemania (9) y Austria (9,2). De seguirse la misma tendencia que hasta ahora, cerca de un tercio de los residentes en España en 2015 será inmigrante. Esto supondría que superaría la cifra de los once millones de personas. De seguir igual el ritmo, la población extranjera podría ser el 27 %[27].

Según la Secretaría de Estado de Inmigración y Emigración (Ministerio de Trabajo y Asuntos Sociales), la mayoría de los extranjeros residentes en España proceden de Latinoamérica (35,10%), seguidos por los africanos (23,68%, y representados mayoritariamente por los nacionales de países del Magreb), los nacionales de países pertenecientes a la Comunidad Europea (22,09%), europeos no comunitarios (12%) y asiáticos (6,53%). Por nacionalidades, los colectivos mayoritarios a finales de junio de 2006 eran el marroquí, seguido por el ecuatoriano, el colombiano, el rumano y el británico. Las personas de estas cinco nacionalidades representaban el 50,31% del total de extranjeros con residencia en vigor en España en dicha fecha[28]. Ahora bien, y como no podía ser de otra manera, el gran problema, o agujero negro −como lo denomina ZÚÑIGA−[29], de la inmigración en España es la situación de los inmigrantes irregulares, ostentando el dudoso honor de ser uno de los países europeos con mayor número de inmigrantes irregulares; situación que va empeorando a medida que aumenta la rigidez de las normas de extranjería para regularizar a los inmigrantes.

---

[27] www.antorcha.org/hemer/inmigra.htm

[28] http://extranjeros.mtas.es.

[29] ZÚÑIGA RODRÍGUEZ, L., "El inmigrante como víctima: contradicciones del tratamiento penal del fenómeno de la inmigración", *op. cit.,* p. 111.

44 | *Nieves Sanz Mulas*

En España se habla de 1.600.000 inmigrantes ilegales. Obviamente, el número exacto de *sin papeles*, precisamente por no tenerlos, es difícil, por no decir imposible, de calcular. El cálculo aproximado, pero nunca exacto, lo aporta la comparación entre la cifra de extranjeros empadronados[30] (que a 1 de enero de 2006 ascendía a 3.884.000) y aquellos que tienen la tarjeta o autorización de residencia (2.804.303, a 30 de junio de 2006). Si a esto le añadimos el hecho de que a lo largo del año habrán entrado unos 800.000 inmigrantes sin papeles y sólo unos 220.000 han sido dados de alta en la Seguridad Social, es lógico que en España se hable de más de un millón y medio de inmigrantes ilegales[31].

Una razón fundamental: la entrada clandestina de la que se aprovechan las redes criminales, y que presenta su cara más cruel en aquellos que llegan en "pateras" o pequeñas embarcaciones que cruzan el Estrecho de Gibraltar en condiciones penosas poniendo en peligro sus vidas, pues se trata de mafias criminales que sin escrúpulos a veces los dejan en otro lugar de destino o, incluso, los tiran al mar.

En Cádiz se informó que en los últimos 12 años, según las cifras más optimistas, superaban las 2000 las personas fallecidas en el estrecho. Especialmente preocupante es la situación de niños que

---

[30] Requisito necesario para acceder a los puestos escolares y conseguir la tarjeta sanitaria, con el único requisito de dar la dirección de su domicilio habitual. Una cifra, en todo caso que no pasa de ser una simple estimación, por varios motivos: porque a día de hoy, tanto la cifra del censo como la de extranjeros residentes habrá aumentado; porque no todos los extranjeros sin papeles se empadronan en su lugar de residencia; porque algunos empadronados no están ya en nuestro país; y porque los datos del padrón deben interpretarse con ciertas reservas, pues errores administrativos permiten que un individuo esté empadronado en dos lugares al mismo tiempo, que medio centenar de personas aparezcan empadronadas en el mismo domicilio e incluso que extranjeros que ni siquiera están ni han estado en España figuren en el padrón de algún ayuntamiento de nuestro país. *Vid.,* en http://www.el-mundo.es/especiales/2005/02/sociedad/inmigración/cifras/

[31] http://madrepatria.blogspot.com

cruzan en dichas condiciones el estrecho y de mujeres embarazadas que llegan en condiciones lamentables. En Andalucía se informó que el número de muertos había disminuido con la instalación del Sistema Integrado de Vigilancia Exterior (SIVE), que intercepta cualquier objeto sospechoso hasta 15 kms desde la Costa. Este sistema, dado su coste y complejidad, se está instalando por fases, encontrándose desplegado en las provincias de Cádiz, Málaga, Granada, Isla de Fuerteventura, Almería y la ciudad de Ceuta, y se continuará su implantación en todo el sur de España, todas las Islas Canarias, la ciudad de Melilla, la Región de Murcia, la Comunidad Valenciana y el resto del Mediterráneo, con un coste aproximado de 232 millones de euros (de los que ya se han gastado 150 millones)[32]. El SIVE, en todo caso, no sólo realiza labores de vigilancia de costas, sino que también lleva a cabo labores de rescate de pateras salvando muchas vidas[33]. Y lo cierto es que, durante los primeros ocho meses del 2005, y según datos del Ministerio del Ministerio de Trabajo y Asuntos Sociales, el número de inmigrantes llegados en embarcaciones descendió un 37% respecto al mismo período del año anterior, con el consiguiente descenso de muertos (88 en el 2004 frente a 33 en el 2005)[34]. Una cifra que, sin embargo, se disparó a lo largo del 2006, sobrepasando los 300 ahogados, sobre todo debido a la búsqueda de rutas alternativas de acceso a nuestras costas.

---

[32] www.uned.es/investigación/publicaciones

[33] *Vid.*, en ZÚÑIGA RODRÍGUEZ, L., "El inmigrante como víctima: contradicciones del tratamiento penal del fenómeno de la inmigración", *op. cit.,* p. 112.

[34] www.tt.mtas.es/periodico. Ahora bien, la disminución fue sobre todo de inmigrantes marroquíes, pues al existir acuerdo de devolución a Marruecos prefieren no arriesgarse y optan por entrar por otras costas, o incluso otros países, donde aún el sistema no está instalado. El número de inmigrantes subsaharianos, sin embargo, no ha descendido tanto, pues al no existir convenio de devolución, no se preocupan de ser interceptados en el mar, sino todo lo contrario, buscan y encuentran la salvación, en la mayoría de los casos, cuando son abordados por las embarcaciones de la Guardia civil o de Salvamente Marítimo. *Vid.,* en www.uned .es/investigación/publicaciones

En cualquier caso, y pese a la multitud de caras amargas que este problema presenta, lo que aquí más nos preocupa es el tráfico ilegal de seres humanos en manos de los diversos grupos criminales. Un fenómeno que en nuestro país alcanza dimensiones preocupantes, pues sólo en los primeros 9 meses del 2006, y según datos de la Dirección General de la Policía y la Guardia Civil[35], fueron desarticuladas 340 redes criminales dedicadas al tráfico de personas. Una tendencia creciente e imparable que supone tan sólo es la punta del iceberg. Una pequeña muestra de un fenómeno cruel, con claros contornos internacionales, y muy difícil de controlar dados los ingentes beneficios que reporta.

3. Un negocio muy lucrativo

Y es que son múltiples los aspectos que contribuyen a la asunción de estas conductas delictivas por el crimen organizado, y que SÁNCHEZ GARCÍA enumera del siguiente modo[36]:

a) De una parte *la complejidad del fenómeno migratorio* obliga a que estas actividades sean asumidas por redes criminales integradas por personas que se "reparten" los papeles: unos se ocupan del reclutamiento en los países de origen, de la provisión de documentos falsos de entrada, de cartas falsificadas que prueben el contacto con personas del país de destino, etc.; otros intervienen como agentes de viaje o transportistas; y, finalmente, otros actúan ya en el país receptor, proporcionando nuevamente documentos falsos como permisos de residencia y trabajo o precontratos, o bien encargándose directamente de la explotación laboral o sexual del inmigrante.

---

[35] www.noticias.info

[36] SÁNCHEZ GARCÍA DE PAZ, I., "Inmigración ilegal y tráfico de seres humanos para su explotación laboral o sexual", *op. cit.,* pp. 119 y 120.

b) Las *enormes ganancias económicas* de este tipo de "negocios" también es un factor importante, por no decir el primordial. Las ganancias son elevadas tanto en términos absolutos –dada la enorme demanda de personas que quieren emigrar– como relativos –si las comparamos con el coste que supone la prestación del servicio en sí, por ej., un asiento en una patera desvencijada cuesta entre 1.000 y 3.000 euros–. Además, en muchas ocasiones los ingresos para los traficantes no sólo provienen del precio pagado por el inmigrante, sino también de su posterior explotación laboral o sexual. Otras veces incluso la rentabilidad deriva de que son forzados a participar en actividades delictivas, como el transporte de droga o el hurto, o bien de la práctica de la mendicidad.

c) El *bajo riesgo* que deriva *de la actividad criminal* también anima a las organizaciones criminales. En estos delitos la "cifra negra" es muy elevada, pues raramente la víctima denuncia o está dispuesta a prestar el correspondiente testimonio, por miedo a que la expulsen del país si es ilegal, por no saber donde dirigirse o, simplemente, por no hablar el idioma.

d) También es atractivo el negocio de la inmigración ilegal por la *posibilidad de completar estas actividades con otras propias de la economía legal,* sobre todo relacionadas con el turismo, la hostelería y otras actividades relacionadas con el ocio. La industria del sexo cada vez tiene menos carácter clandestino y se asume como una parte de la industria del ocio, la diversión, el relax y el turismo. De este modo el tráfico de inmigrantes resulta doblemente atractivo como negocio porque, además de las ganancias que el traslado mismo aporta, proporciona al traficante de obra barata y dócil para sus negocios legales, ya relacionados con el sexo o con otro tipo de actividades.

Ej. Redes de inmigración controladas por grupos criminales chinos que además emplean a sus víctimas en talleres de confección en parte legales y en parte clandestinos.

Un complejo círculo económico que se cierra con el hecho de que esas actividades son el vehículo ideal para el blanqueo de las enormes ganancias obtenidas.

e) También a favor de algunas organizaciones criminales juega la *posibilidad de utilizar rutas ya establecidas para el transporte de otras mercancías ilegales* como vehículos robados, drogas o armas. Ello permite aprovechar las infraestructuras humanas y materiales reduciendo así los costes.

f) Finalmente, como factor que anima al delito puede también señalarse el hecho de que *en algunos países es escasa la punición de estas conductas delictivas*, sobre todo si las comparamos con la de otros delitos característicos del crimen organizado como el tráfico de órganos o de armas. Quizás ello se deba a la idea de que estamos en alguna medida ante un delito sin víctima, en cuanto el inmigrante se sitúa voluntariamente en esa situación.

IV

Instrumentos Internacionales

El tráfico ilegal de personas es, sin duda, un delito eminentemente intencional y, en consecuencia, que sólo puede combatirse eficazmente a través de un enfoque común de todos los países implicados (de origen, tránsito o destino de los inmigrantes). Es por todo ello que, en los últimos años, han proliferado los instrumentos internacionales en la materia, muchos de ellos conectados a los que combaten el crimen organizado[37].

---

[37] SÁNCHEZ GARCÍA DE PAZ, I., "Inmigración ilegal y tráfico de seres humanos para su explotación laboral o sexual", *op. cit.*, p. 122.

Las Naciones Unidas fueron las primeras en ocuparse del tráfico de mujeres para su explotación sexual; inicialmente bajo el término de "trata de blancas", posteriormente se habla de trata de mujeres y niños para, finalmente, denominarlo tráfico de personas o seres humanos en general. El más importante de los primeros instrumentos jurídicos fue el *Convenio para la represión de la trata de personas y la explotación de la prostitución ajena* de 21.3.1950 (adherido por España el 18.6.1962, BOE de 25.9.1962). En particular, respecto de la prostitución y otras formas de explotación sexual de niños, se adoptó también el *Protocolo Facultativo,* anexo a la Convención sobre Derechos del Niño, *relativo a la venta de niños, la prostitución infantil y la utilización de niños en la pornografía*, realizado en Nueva York el 25.2.2000 y ratificado por nuestro país mediante Instrumento de 5.12.2000 (BOE de 31.1.2002). Pero no ha sido sino hasta el año 2000 cuando, de modo novedoso e integral, las Naciones Unidas han culminado un tratamiento completo del tráfico de personas mediante los textos siguientes[38]:

1. Los Protocolos de Naciones Unidas

La preocupación por combatir el lucrativo negocio criminal derivado del tráfico ilícito de seres humanos se materializa con la aprobación, junto al *Convenio contra el Crimen Organizado* de 2000, de dos protocolos adicionales que lo tratan específicamente:

– El Protocolo *para la prevención, supresión y punición del tráfico de personas, especialmente mujeres y niños* (A/RES/55/25, Anexo II). Este Protocolo tiene como fin prevenir y combatir la trata de personas, prestando especial atención a las mujeres y niños,

---

[38] *Ibídem,* p. 123 y ss. También véase DE LEÓN VILLALBA, F. J., *Tráfico de personas e inmigración ilegal, op. cit.,* pp. 113 y ss; y DE LA CUESTA ARZAMENDI, J. L., "Las nuevas corrientes internacionales en materia de persecución de delitos sexuales a la luz de los documentos de organismos internacionales y europeos", en *Delitos contra la libertad sexual, Estudios de Derecho Judicial,* n.º 21, 2000.

además de proteger y ayudar a las víctimas de estos delitos y promover la cooperación entre los Estados para estos fines (art. 2). Para ello se conmina a la penalización de la "trata de personas" (*trafficking in persons,* art. 5), un término amplio que comprende las conductas de captación, transporte, traslado o recepción de personas mediante la coacción o a la amenaza, el engaño o el abuso de poder o de una situación de vulnerabilidad o la concesión o recepción de pagos o beneficios para obtener el consentimiento de una persona con fines de explotación (art. 3.a). Esta explotación incluirá, como mínimo, la explotación de la prostitución ajena u otras formas de explotación sexual, los trabajos o servicios forzados, la esclavitud o prácticas análogas a la esclavitud, la servidumbre o la extracción de órganos. Si estas conductas recaen sobre menores de 18 años, no es necesaria la presencia de tales medios para la concurrencia del delito (art. 3.c. y d).

– El Protocolo *contra el tráfico ilícito de migrantes por tierra, mar y aire* (A/RES/55/25, Anexo III).
Este Protocolo, a su vez, tiene por objeto prevenir y combatir el tráfico ilegal de inmigrantes, protegiendo a la vez sus derechos, así como promover la cooperación entre los Estados parte para este fin (art.2). Para ello se reclama de los Estados la penalización, entre otras conductas, del "tráfico ilícito de *migrantes*" (*smuggling of migrants*), definido como la facilitación de la entrada ilegal de una persona en un Estado parte, del cual dicha persona no sea nacional o residente permanente, con el fin de obtener, directa o indirectamente, un beneficio financiero u otro beneficio de orden material. También se incluye la conducta de habilitación de una persona que no sea nacional o residente permanente para permanecer ilegalmente en el Estado interesado recurriendo a la creación o facilitación de documentos falsos o a cualquier otro medio ilegal.

– El carácter complementario que tienen ambos protocolos, respecto de la Convención contra el crimen organizado, muestra cómo las Naciones Unidas tienen presente la indiscutible relación entre tales fenómenos. Esto es, el ámbito de aplicación de estos Protocolos concierne a la hipótesis de que el delito es transnacional y entraña la participación de un grupo delictivo organizado. Tanto el Convenio como los protocolos han sido ratificados por España (1.3.2002).

2. La Decisión-Marco de la Unión Europea relativa a la lucha contra la trata de seres humanos de 2002

Con esta Decisión Marco, adoptada por el Consejo de Europa el 19 de Julio de 2002, *relativa a la lucha contra la trata de seres humanos* (2002/629/JAI), la Unión Europea sigue los pasos del Protocolo de las Naciones Unidas sobre este delito. Es por ello que también se dirige a fijar los elementos comunes en la definición de esta conducta delictiva por parte de los Estados miembros, estableciendo que estos deben castigar, como mínimo, las siguientes acciones relacionadas con la trata de seres humanos con fines de explotación laboral o sexual:

"la captación, el transporte, el traslado, la acogida, la subsiguiente recepción de una persona, incluidos el intercambio o el traspaso de control sobre ella cuando se concurra a la coacción, la fuerza o la amenaza, incluido el rapto, o se recurra al engaño o fraude, o haya abuso de autoridad o de situación de vulnerabilidad, de manera que la persona no tenga alternativa real o aceptable, excepto someterse al abuso, o se concedan, se reciban pagos o beneficios para conseguir el consentimiento de una persona que posea el control sobre otra persona con el fin de explotar el trabajo o los servicios de dicha persona, incluidos al menos el trabajo o los servicios forzados, la esclavitud o prácticas similares a la esclavitud o la servidumbre, o con el fin de explotar la prostitución ajena o ejercer otras formas de explotación sexual, incluida la pornografía" (art. 1).

Se persigue también introducir sanciones lo suficientemente severas, para que este delito se pueda incluir en el ámbito de aplicación de otros dos instrumentos comunitarios:

– La Acción común 98/733/JAI de 1998 *sobre tipificación penal de la participación en una organización delictiva.*

– La Acción común 98/699/JAI de 1998 *relativa al blanqueo de capitales, identificación, seguimiento, embargo, incautación y decomiso de los instrumentos y productos del delito.*

Con el fin de tal inclusión, el art. 3 de esta Decisión-Marco establece una sanción mínima de pena privativa de libertad de 8 años para los casos en que concurran determinadas circunstancias de especial gravedad como: *a)* que se ponga en peligro la vida de la víctima de forma deliberada o por imprudencia grave, *b)* que se cometan contra una víctima especialmente vulnerable, *c)* que se cometan mediante violencia grave o causen a la víctima daños particularmente graves, y *d)* que se cometan en el marco de una organización delictiva como se define en la Acción común 98/733/JAI.

3. Las recomendaciones del Consejo de Europa

En el seno del Consejo de Europa también se han elaborado varias recomendaciones, entre las que cabe destacar:

– La Recomendación 1211 (1993) *de la Asamblea Parlamentaria del Consejo sobre migración clandestina.*

– La Recomendación 1325 (1997), de 23 de abril, *de la Asamblea Parlamentaria del Consejo de Europa sobre la trata de mujeres y la prostitución forzada en sus Estados miembros.*

– La Recomendación N.º R (2000) 11, de 19 de mayo, *del*

Comité de Ministros a los Estados miembros sobre medidas contra el tráfico de seres humanos con fines de explotación sexual.

En ella se insta a la introducción de sanciones penales que guarden proporción con la gravedad de los delitos, así como a la creación de un órgano internacional que coordine la lucha contra el tráfico de personas y establezca un archivo europeo de personas desaparecidas. También se insiste en la adopción de medidas preventivas, de identificación del delito y de la asistencia a las víctimas.

– La Recomendación (2001) 16 *del Comité de Ministros sobre la protección de niños contra la explotación sexual.*

V

Normativa Española En Materia De Extranjería

En el año 2000, ante el incremento considerable de la inmigración, sobre todo clandestina, en nuestro país, se promulgó una nueva Ley de Extranjería en la que se garantizaba un mayor número de derechos a los extranjeros al margen de su situación legal y facilitaba la integración de los que se encontrasen en situación legal[39]. Se trataba de la LO 4/2000, de 11 de enero, *sobre derechos y libertades de los extranjeros en España y su integración social*, y en ella se les reconocía, entre otros: la posibilidad de ejercer los derechos de reunión, asociación y manifestación, con independencia de su situación legal (art. 7 y 8); el derecho a la educación a todos los extranjeros menores de 18 años en idénticas condiciones que los nacionales (art. 9); derechos de carácter social, en igualdad de

---

[39] ZÚÑIGA RODRÍGUEZ, L., "El inmigrante como víctima: contradicciones del tratamiento penal del fenómeno de la inmigración", *op. cit.,* p. 116.

condiciones que los españoles, como ayudas en materia de vivienda, prestaciones y servicios de la seguridad social, etc. (art. 12 a 14); el derecho a la intimidad personal y familiar, estableciéndose el número de familiares que pueden reagruparse (art. 16); el derecho a la asistencia jurídica gratuita tanto a los residentes como a los que se hallen inscritos en el padrón municipal (art. 20), etc. Sin embargo, en ese mismo año 2000 se dio un brusco giro a la política de extranjería modificando, por LO 8/2000, 54 de los 63 artículos de la LO 4/2000, por lo que más que de una reforma podríamos hablar de una nueva Ley de Extranjería.

Dos lamentables sucesos, producidos en El Ejido (Almería) y Cataluña, desembocaron en el enfrentamiento y la tensión entre los colectivos de inmigrantes y ciudadanos autóctonos. En El Ejido el asesinato de tres españoles por dos inmigrantes marroquíes provocó durante varios días distintos episodios violentos protagonizados por ciudadanos españoles que convivían en dicha localidad. Los hechos se vieron repetidamente por televisión, provocando una enorme alarma social. Esto ocurrió días antes de las elecciones del 12 de marzo de 2000 y determinaron la victoria del Partido Popular con mayoría absoluta, y que, tal y como anunció en su campaña electoral, modificó profundamente la Ley de Extranjería.

Esta LO 8/2000, de 22 de diciembre, *de reforma de la LO 4/2000, sobre derechos y libertades de los extranjeros en España y su integración social* hace una importante distinción en la atribución de derechos y obligaciones en función de la situación administrativa en que se encuentran los extranjeros en el país. De este modo, se excluye al colectivo de los extranjeros irregulares del disfrute total de los derechos de participación pública, reunión y manifestación, libertad de asociación, derecho a la educación, libertad de sindicación y huelga, derecho a la asistencia sanitaria y el derecho a la asistencia gratuita, entre otros. Esto es, la LO 8/2000 crea un nuevo *status* de ciudadano, puesto que, limitando, e incluso eliminando, los derechos sociales y políticos de los extranjeros no residentes genera "un nuevo

El tráfico de seres humanos ante la ley española | 55

grupo de desposeídos, de personas invisibles, transparentes para el ordenamiento jurídico[40]". O lo que es lo mismo, se convierte, formal y legalmente, a los extranjeros irregulares en claros excluidos de la sociedad y frente a los que hay que luchar.

Con la llegada al gobierno del partido socialista, la política legislativa en materia de extranjería toma nuevos rumbos –con la importante política de regularización llevada a cabo por **Real Decreto 2393/2004, de 30 de diciembre,** *por el que se aprueba el Reglamento de la Ley Orgánica 4/2000, de 11 de enero, sobre derechos y libertades de los extranjeros en España y su integración social*–, si bien aún es patente la situación de clandestinidad de muchos extranjeros, con los efectos criminógenos que tales condiciones de ilegalidad traen consigo.

Si bien la política de regularización que acabó el 7 de mayo de 2005 permitió regularizar a 500.000 inmigrantes, el nuevo padrón ha vuelto a poner sobre el tapete una realidad evidente: más de otros 500.000 se quedaron sin papeles, y uno de los motivos es porque los empresarios despedían abundantemente a quienes le pedían que les regularizasen para así evitar inspecciones de trabajo[41]. La regularización de PSOE supuso, en consecuencia, un fracaso importante, en la medida en que las estimaciones oficiales calculaban que cerca de un millón estaban en condiciones de ser legalizados durante el periodo abierto en febrero de 2005. Pero tampoco es menos cierto que en sólo tres años, el número de trabajadores legalizados en España se ha duplicado, pasando de los 766.000 de 2002 a los 2.804.303 en 2006, lo que supone el 13% de la fuerza de trabajo total habida en nuestro país, según cifras aportadas por el Observatorio Permanente

---

40 DAUNIS RODRÍGUEZ, A., "Seguridad, Derechos humanos y Garantías penales: ¿objetivos comunes o aspiraciones contrapuestas?", en BERDUGO GÓMEZ DE LA TORRE-SANZ MULAS, (coord..), *Derecho Penal de la Democracia vs Seguridad Pública*, Comares, Granada, 2005, p. 231.

41 www.antorcha.org/hemer/inmigra.htm

de la Inmigración (Ministerio de Trabajo y Asuntos Sociales)[42]. De los 8.142.079 contratos de trabajo que se registraron en las Oficinas de Empleo en el primer semestre de 2005, un total de 1.219.673 (el 14,98%) se suscribieron con trabajadores extranjeros (33,09% mujeres y 66,91% hombres). Según el continente, el 39,04% de los contratos se suscribió con trabajadores iberoamericanos, el 29,03% con africanos, el 14,33% con europeos comunitarios, el 12,38% con europeos no comunitarios, el 4,93% con asiáticos, el 0,16% con norteamericanos y el 0,14% con nacionales de países de oceanía. Según nacionalidad, se suscribieron 236.300 contratos con marroquíes y 186.198 con ecuatorianos (entre ambas nacionalidades el 34,70% del total). Esto es, uno de cada tres trabajadores que se incorpora a la explotación capitalista, es extranjero, y eso se nota en nuestra economía: 1 de cada tres viviendas es comprada por extranjeros. A lo largo del 2006 se les vendieron 400.000 coches en nuestro país y se han gastado más de 4.000 millones de euros en alimentación, por no hablar de los 5.000 millones de euros enviados en remesas a sus países de origen.

Nos referimos, como no, al imparable tráfico de personas por despiadadas organizaciones criminales, que "para hacer negocios" se aprovechan de la confluencia de dos factores conexos: por un lado, el deseo de miles de personas de llegar a nuestro país en busca de una mejor calidad de vida; y, por otro, la situación de clandestinidad en que deben hacerlo, motivo por el que, de un modo u otro, entran en contacto con tales formaciones criminales. Porque, que duda cabe en que los distintos tráficos de inmigrantes, con fines laborales, sexuales, de explotación en general de las personas, las prácticas de malos tratos o torturas por parte de funcionarios[43], las agresiones xenófobas de que son objeto, etc., tienen su origen en su situación de

---

[42] http://extranjeros.mtas.es

[43] En estos casos hay grandes dosis de impunidad pues los extranjeros irregulares maltratados no se atreven a denunciar a los agentes policiales por miedo a: no obtener los papeles de residencia, a ser expulsado, a que no le sea concedida

"ilegales", "indocumentados", "sin papeles", etc.; terribles calificaciones producto de unas leyes de extranjería altamente restrictivas. "Un mundo de agujero negro –escribe textualmente ZÚÑIGA– donde se mueven millones de euros, en el que la explotación de unos hombres contra otros es el sino de unos seres a los que su situación de irregularidad la sociedad les ha condenado a la mínima protección"[44].

Actualmente hay más de 20 millones de trabajadores sin contrato en la Unión Europea. Esto es, hay una economía sumergida de entre el 7 y el 19%, sobre todo en sectores de agricultura, construcción, comercio, servicio doméstico y manufactura. Sectores donde se necesita mucha mano de obra barata, especialmente de inmigrantes sin permiso de trabajo. En tal sentido, Grecia, España, Portugal y Bélgica son los países de la Unión Europea con niveles más altos de economía sumergida, y hablar de economía sumergida equivale a hablar de inmigrantes sobreexplotados[45].

Una economía sumergida que va en aumento, pues tras el proceso de regularización llevado a cabo por el gobierno en mayo de 2005, en España se percibe un fenómeno de inmersión o regreso a la economía sumergida sobre todo con las empleadas de hogar cuya filiación ha caído un 16,14% respecto al 31 de diciembre de 2005 (58.865), pues se dieron de baja una vez conseguida la regularización, lo que permite contratarlos irregularmente, ahorrándose tanto el empresario como el trabajador la Seguridad Social. Lo mismo está sucediendo en el sector agrario por cuenta ajena, cuya filiación ha caído un 4,7%[46]. En todo caso, a los inmigrantes se les paga menos, trabajan en peores condiciones, reciben menos del salario mínimo y

---

cualquier petición como la reagrupación familiar. Por no hablar de aquellos casos en que tras los malos tratos son expulsados inmediatamente, no dando tiempo ni lugar a denunciarlos. *Vid.*, en ZÚÑIGA RODRÍGUEZ, L., "El inmigrante como víctima: contradicciones del tratamiento penal del fenómeno de la inmigración", *op. cit.*, p. 127.

[44] *Ibídem*, p. 119.

[45] www.antorcha.org/hemer/inmigra.htm

[46] http://madrepatria.blogspot.com

carecen de una vivienda digna. Acaparan las tareas más penosas, son las víctimas más frecuentes de los *accidentes* laborales[47] y están desposeídos de los más elementales derechos de asociación, sindicación, huelga y seguros sociales. Para imponerles terribles condiciones laborales y privarles de todos sus derechos, el primer paso es negarles hasta los permisos de residencia y de trabajo, lo que les obliga a trabajar clandestinamente. Los inmigrantes que llegan ahora prácticamente no tienen vías para poder obtener documentación, lo que ha producido un incremento de los sin papeles por las enormes dificultades para poder regularizar su situación. En la Unión Europea el número de inmigrantes con papeles se redujo en un 30 por ciento durante los años 90 del pasado siglo[48].

VI
El trafico de personas en el ordenamiento jurídico español

1. Delineamientos generales

Los tipos de referencia en nuestro CP para el castigo de este tipo de conductas se incorporaron en momentos distintos, por lo que no siempre encajan de modo armónico, produciéndose frecuentes superposiciones y problemas concursales. Además, es también característica común a todas estas figuras el que describan de forma muy amplia la conducta típica, sometiendo a la misma pena comporta-

---

[47] Según datos del Instituto Nacional de Seguridad e Higiene en el Trabajo, la mortalidad laboral de los trabajadores inmigrantes supera en un 30% la media. En 2005, el n.º de accidentes de la población inmigrante se situó en 78.395, de los que 96 fueron mortales y 838 graves. Así el n.º de accidentes de trabajo por cada 100.000 afiliados extranjeros fue de 6.822, mayor que el total nacional (6.012). Y ello sin contar los accidentes acaecidos en la economía sumergida, "sector" reservado preferentemente a los extranjeros. *Vid.*,en www.redasociativa.org

[48] www.antorcha.org/hemer/inmigra.htm

mientos de muy diferente gravedad, a veces incluso de simple preparación, complicidad o tentativa, infringiendo así el principio de proporcionalidad de la pena criminal.

La investigación y persecución de estos delitos, en todo caso, y como advertíamos, se ve dificultada por la resistencia de las víctimas a la denuncia y al testimonio ante el miedo a la expulsión al revelar su condición de inmigrante ilegal. Para evitarlo, el art. 59 de la LO 4/2000, *sobre derechos y libertades de los extranjeros en España y su integración social* (reformada por LO 8/2000, de 22 de diciembre), contiene una cláusula de exención de responsabilidad administrativa –lo que implica que no será expulsado– para el extranjero que haya cruzado la frontera española o no haya cumplido con su obligación de declarar la entrada o se encuentre irregularmente en España,

> *"por haber sido víctima, perjudicado o testigo de un acto de tráfico ilícito de seres humanos, inmigración ilegal, o de tráfico ilícito de mano de obra o de explotación en la prostitución abusando de su situación de necesidad, si denuncia a las autoridades competentes a los autores o cooperadores de dicho tráfico, o coopera y colabora con los funcionarios competentes en materia de extranjería, proporcionando datos esenciales o testificando, en su caso, en el proceso correspondiente contra aquellos autores"* (art. 59.1).

El extranjero exento de responsabilidad administrativa podrá elegir entre que se le facilite el retorno a su país de procedencia o la estancia y residencia en España, así como permiso de trabajo y facilidades para su integración social[49].

---

[49] En este sentido, RODRÍGUEZ CANDELA, crítica el hecho de que no se incluya en este beneficio al que haya entrado por los pasos habilitados y haya declarado la entrada, pero cuya estancia ha devenido luego irregular. *Vid.,* en RODRÍGUEZ CANDELA, J.L., "Incentivos legales por la persecución de determinados delitos", en LAURENZO COPELLO, P. (coord..), *Inmigración y Derecho penal,* Valencia, 2002, p. 280.

2. Figuras delictivas

A) El tráfico ilegal de personas (art. 318 bis CP)

Art. 318 bis: "1. El que, directa o indirectamente, promueva, favorezca o facilite el tráfico ilegal o la inmigración clandestina de personas desde, en tránsito o con destino a España, será castigado con la pena de cuatro a ocho años de prisión.

2. Si el propósito del tráfico ilegal o la inmigración clandestina fuera la explotación sexual de las personas, serán castigados con la pena de cinco a 10 años de prisión.

3. Los que realicen las conductas descritas en cualquiera de los dos apartados anteriores con ánimo de lucro, o empleando violencia, intimidación, engaño o abusando de una situación de superioridad o de especial vulnerabilidad de la víctima, o siendo la víctima menor de edad o incapaz o poniendo en peligro la vida, la salud o la integridad de las personas, serán castigados con las penas en su mitad superior.

4. En las mismas penas del apartado anterior, y además en la de inhabilitación absoluta de 6 a 12 años, incurrirán los que realicen los hechos prevaliéndose de su condición de Autoridad, agente de esta o funcionario público.

5. Se impondrán las penas superiores a las previstas en los apartados 1 a 4 de este artículo, en sus respectivos casos, e inhabilitación especial para profesión, oficio, industria o comercio por el tiempo de la condena, cuando el culpable perteneciere a una organización o asociación, incluso de carácter transitorio, que se dedicase a la realización de tales actividades.

Cuando se trate de los jefes, administradores o encargados de dichas organizaciones o asociaciones, se les aplicará la pena en su mitad superior, que podrá elevarse a la inmediatamente superior en grado.

En los supuestos previstos en este apartado la Autoridad Judicial podrá decretar, además, alguna o alguna de las medidas previstas en el artículo 129 de este Código.

6. Los Tribunales, teniendo en cuenta la gravedad del hecho y sus circunstancias, las condiciones del culpable y la finalidad perseguida por este, podrán imponer la pena inferior en un grado a la respectivamente señalada".

Este delito se introdujo por LO 4/2000, de 11 de enero, *sobre derechos y libertades de los extranjeros en España y su integración social* (Disposición Final 2.ª), que crea el Título XV bis relativo a los "Delitos contra los derechos de los ciudadanos extranjeros". Y las razones de ello fueron básicamente tres: el aumento de la inmigración irregular por medio de organizaciones criminales; las lagunas de punibilidad que dejaban los arts. 312.2 y 313 CP, al establecer como finalidad del tráfico la intención de trabajar, algo difícil de probar; y mostrar ante la sociedad una mayor efectividad en al respuesta ante el fenómeno de la inmigración irregular que otorgara una sensación de tranquilidad al ciudadano, para lo cual se utilizó, una vez más, el Derecho penal de forma simbólica y política[50]. El mencionado art. 318 bis, fue posteriormente modificado por la LO 11/2003, de 29 de septiembre, *de medidas concretas en materia de seguridad ciudadana, violencia doméstica e integración social de los extranjeros.* Las razones aducidas para justificar esta reforma, que afecta a diversos aspectos relacionados con la inmigración, se centran en la necesidad de dar respuesta penal a las nuevas formas de delincuencia que se aprovechan del fenómeno de la inmigración para cometer sus delitos.

Ciertamente, el título en sí parece querer indicarnos que se busca proteger de forma genérica los derechos y libertades de los extranjeros; sin embargo, hay más que dudas razonables para pensar que esta loable declaración de intenciones no se corresponde con las preten-

---

[50] DAUNIS A., "Reflexiones en torno a los problemas de aplicación e interpretación del art. 318 bis del CP", en PÉREZ ÁLVAREZ, F., (ed.) *Serta. In memoriam Alexandri Baratta,* Ediciones Universidad de Salamanca, 2004, pp. 681 y 682.

siones reales del legislador[51], pues ciertamente lo que parece es que el legislador ha instrumentalizado, una vez más, los derechos de los extranjeros para proteger los intereses del Estado. Y al respecto son ciertamente elocuentes las palabras de ÁLVAREZ que transcribimos literalmente: "El bien jurídico protegido pese a lo hermoso del enunciado del título no puede hallarse en la protección de los derechos de los extranjeros; la regulación concreta del precepto único contenido en el nuevo Título, apunta a que se busca primordialmente la ordenación y regulación de los flujos migratorios por los cauces y conforme a los criterios legales. Sólo indirectamente se protegen los derechos de los extranjeros. Los intereses y los derechos de los extranjeros no se utilizan más que como un señuelo para tranquilizar la propia conciencia del Legislador y suministrar una dosis de buena conciencia a la ciudadanía (trasmitir la sensación de que algo se hace)" [52].

Nos encontramos ante un delito de peligro abstracto, donde la conducta típica del delito es excesivamente amplia, pues no discrimina en modo alguno la diferente gravedad que puede presentar las diversas formas de contribución al tráfico de personas (autoría frente a cooperación, tentativa frente a consumación, etc.). Esto es, se

---

[51] En este sentido, y por ejemplo, RODRÍGUEZ MONTAÑÉS, llega incluso a calificarlo como delito contra el orden socioeconómico que tutelaría el fenómeno migratorio como componente del mismo. *Vid.,* en RODRÍGUEZ MONTAÑÉS, T., "Ley de extranjería y Derecho Penal", *La Ley,* n.º 5261, de 6 de marzo de 2001, p. 2. En todo caso, y como nos advierte ZÚÑIGA, "el objeto de protección de este tipo penal es un buen banco de pruebas de la complejidad del fenómeno de la inmigración, en el que confluyen factores a veces contradictorios, como pueden ser el interés del Estado en ordenar la inmigración y los derechos de los ciudadanos extranjeros al margen de su situación legal". *Vid.,* en ZÚÑIGA RODRÍGUEZ, L., "El inmigrante como víctima: contradicciones del tratamiento penal del fenómeno de la inmigración", *op. cit.,* p. 126.

[52] ÁLVAREZ ALVAREZ, G., "La protección contra la discriminación del extranjero en el CP", en *El extranjero en el Derecho penal español sustantivo y procesal (adaptado a la Nueva Ley orgánica 4/2000), Manual de Formación Continua,* Madrid, Consejo General del Poder Judicial, 2000, p. 355.

castigan todos los actos de fomento o de colaboración con el tráfico ilícito de personas que tenga un punto de conexión geográfica con España, no limitándose al castigo del tráfico o la inmigración en sí, sino cualquier conducta que coadyuve a estas actividades o constituya preparación de las mismas. Es por ello de desear una interpretación restrictiva del tipo[53], o mejor aún sería deseable la punición exclusiva del tráfico de personas realizado con ánimo de lucro, pues es del todo excesivo castigar como delito contribuciones altruistas o por razones humanitarias al tráfico, comprensibles ante las situaciones de absoluta necesidad que a menudo empujan al emigrante[54].

Es realmente en el numeral 3.º donde se reflejan los derechos de los ciudadanos extranjeros a los que hace referencia el Título XV bis, y donde se recogen los bienes jurídicos de naturaleza penal. Estos bienes jurídicos, de corte individual, sí se significan como auténticos bienes jurídicos penales que legitiman la presencia de normas penales dirigidas a su protección. Porque es aquí donde se protegen aquellos sujetos (normalmente extranjeros) que intentando llegar a nuestras costas o aeropuertos son estafados y engañados por organizaciones criminales que se lucran poniendo en peligro la vida de otras personas. Nos referimos, como no, a los casos de las conocidas *pateras* que, casi siempre sobrecargadas, zarpan diariamente de las costas africanas con un número excesivo de inmigrantes que pagan entre 1.000 y 3.000 euros por una plaza en las mismas o aquellos

---

[53] En este sentido, SERRANO PIEDECASAS, J. R., "Los delitos contra los derechos de los ciudadanos extranjeros", en *El extranjero en el Derecho penal español sustantivo y procesal (adaptado a la Nueva Ley orgánica 4/2000), Manual de Formación Continua,* Madrid, Consejo General del Poder Judicial, 2000, p. 336; GUANARTEME SÁNCHEZ LÁZARO, F., "El nuevo delito de tráfico ilegal de personas", en LAURENZO COPELLO, P., (coord..,) *Inmigración y Derecho penal,* Valencia, 2002, pp. 291; SAINZ-CANTERO CAPARRÓS, J. E., *Los delitos contra los derechos de los ciudadanos extranjeros,* Barcelona, 2002, pp. 87 y ss.

[54] SÁNCHEZ GARCÍA DE PAZ, I., "Inmigración ilegal y tráfico de seres humanos para su explotación laboral o sexual", *op. cit.,* p. 130.

casos de latinoamericanos que por el mismo precio son embarcados en un avión con destino a España con un pasaporte ilegal[55].

Esto es, la concurrencia del ánimo de lucro exigida en el tipo agravado del n.º 3 debería ser un elemento del tipo básico, y lo que es actualmente el tipo básico sancionarse como mucho administrativamente. Y más si tenemos en cuenta que la conducta de tráfico ilegal de personas sólo constituye infracción administrativa muy grave cuando se realiza "formando parte de una organización con ánimo de lucro" (art. 54.1.b de la LO 4/2000, redactado conforme a la LO 8/2000. Además esta propuesta es coincidente con la definición del delito de "tráfico ilícito de migrantes" dada por el *Protocolo de Naciones Unidas contra el tráfico ilícito de migrantes por tierra, mar y aire*, ya comentado, pues en su art. 6 exige que la conducta se realice "con el fin de obtener, directa o indirectamente, un beneficio financiero u otro beneficio de orden material".

En cualquier caso, es de rigor aclarar que el legislador, consciente, suponemos, de la multitud y enorme variedad de conductas que caben acogerse bajo este delito, prevé también una atenuación de la pena "teniendo en cuenta la gravedad del hecho y sus circunstancias, las condiciones del culpable y la finalidad perseguida" (n.º 6). De esto modo se hace posible la rebaja punitiva cuando concurra una finalidad altruista o humanitaria, si bien en estos casos lo deseable sería hablar de atipicidad, por lo que sólo nos resta confiar en el buen hacer de nuestros tribunales. Finalmente, quepa añadirse que por LO 11/2003 se han elevado de forma muy importante las penas, buscando adaptarse a la mínimos establecidos en la Decisión-Marco del Consejo de Europa, de 19.7.2002 *relativa a la lucha contra la trata de seres humanos*, a efectos, como vimos, de poder introducir estas conductas en dos instrumentos comunitarios, que también tratamos: la Acción común 98/733/JAI de 1998 *sobre tipificación*

---

[55] DAUNIS A., "Reflexiones en torno a los problemas de aplicación e interpretación del art. 318 bis del CP", *op. cit.,* pp. 688 y 689.

penal de la participación en una organización delictiva y la Acción común 98/699/JAI de 1998 *relativa al blanqueo de capitales, identificación, seguimiento, embargo, incautación y decomiso de los instrumentos y productos del delito.*

El tipo básico ha pasado de castigarse con pena de prisión de seis meses a tres años y multa de seis a doce meses a castigarse con pena de cuatro a ocho años de prisión. Los tipos agravados, en consecuencia, también han sufrido un notable aumento en la punición.

Una elevación de penas que ha llegado a extremos inadmisibles, pues este art. 318 bis prevé una de las penas más altas del ordenamiento cuando concurra una serie de circunstancias, llegando incluso a penas de hasta 22 años y medio de prisión. Penas, de entrada, superiores a la del homicidio (de 10 a 15 años, art. 138 CP).

B) El tráfico ilegal de mano de obra extranjera (arts. 312.2 in fine y 313 CP)

Art. 312: "1. Serán castigados con las penas de prisión de dos a cinco años y multa de seis a doce meses, los que trafiquen de manera ilegal con mano de obra.

2. En la misma pena incurrirán quienes recluten personas o las determinen a abandonar su puesto de trabajo ofreciendo empleo o condiciones engañosas o falsas, y quienes empleen súbditos extranjeros sin permiso de trabajo en condiciones que perjudiquen, supriman o restrinjan los derechos que tuvieren reconocidos por disposiciones legales, convenios colectivos o contrato individual".

Art. 313: "1. El que promoviere o favoreciere por cualquier medio la inmigración clandestina de trabajadores a España, será castigado con la pena prevista en el artículo anterior. 2. Con la misma pena será castigado el que, simulando contrato o colocación, o usando de otro engaño semejante, determinare o favoreciere la emigración de alguna persona a otro país".

En el art. 312.2 se tipifica el abuso de trabajadores extranjeros sin permiso de trabajo, entendido como la imposición de condiciones ilegales de trabajo y de Seguridad Social[56]. En consecuencia, no hay más que acudir a la referencia extrapenal aludida para comprobar que se dejan sin protección los derechos de sindicación y huelga (art. 11 Ley de Extranjería), con lo que –de acuerdo con TERRADI-LLOS– "se produce una descriminalización de comportamientos antisindicales que favorece la desprotección de los más débiles, lo que redundará en condiciones de trabajo por debajo de los mínimos legales. El efecto negativo no será sólo el que directamente sufren los trabajadores afectados. También se produce una alteración de las reglas del mercado, en la medida en que sea posible acceder a posiciones privilegiadas en la misma a base de abaratar ilegalmente los costes salariales. La importancia de esta manifestación de *dumping* debe valorarse teniendo en cuenta las características y dimensiones de un mercado como el comunitario europeo"[57].

El art. 313 CP, de su parte, se presupone que está orientado a la protección de los derechos del trabajador extranjero[58], si bien lo cierto es que se está elevando automáticamente a la categoría de delito la inmigración de trabajadores a España de manera clandestina, esto es, al margen de la normativa existente[59]. Y es que para apreciar el delito basta con que se promueva o favorezca la inmigra-

---

[56] Cierto es que el CP no hace diferencias en este delito entre inmigrantes y quienes no lo son, pero sin duda las posibilidades de engaños son mayores cuando el sujeto, por su situación de extranjero, desconoce la situación real del mercado de trabajo. Y así lo demuestra el enorme número de casos en que se contrata a trabajadoras extranjeras para actividades laborales que, en realidad, encubren prostitución. *Vid.*, en TERRADILLOS BASOCO, J. M., "Tráfico ilegal de emigrantes", *op. cit.*, p. 21.

[57] *Ibídem.*

[58] Si bien no son pocos los que creen que la criminalización se fundamenta en la aceptación legal de que la inmigración irregular pone en el peligro tanto los derechos laborales de los trabajadores inmigrantes afectados como los de los legalmente contratados. *Vid.*, en TERRADILLOS BASOCO, J. M., "Tráfico ilegal de emigrantes", *op. cit.*, p. 24.

[59] El TS en algunas sentencias conceptúa a la *inmigración clandestina* como: "facilitar la llegada a España de una persona de modo secreto, oculto, subrepticio o ilegal, tanto en lo que atañe al transporte como a la organización, realización o

ción, esto es, que se apoye, sin ser preciso que efectivamente se materialice. Luego, se trata de un delito de mera actividad que castiga el tráfico ilegal de mano de obra que se produce de modo transfronterizo. En todo caso, al tratarse de un bien jurídico colectivo, pese a que este tipo de actividades generalmente se hace con un grupo de personas, se apreciaría un único delito siempre que haya unidad de acción, tiempo y de objetivos.

De este modo, continuamente se desarticulan organizaciones que se dedican a reclutar a personas en los países de origen, muchas veces con promesas falsas, que realizan todos los trámites para llevar a cabo la contratación regular (medios de transporte, documentos falsos, trámites de regularización y colocación en un puesto de trabajo). En algunos casos conectan con agencias de colocación que cobran el 50% del primer sueldo y como existe gran precariedad en el empleo, cada dos o tres meses tiene que cambiar de trabajo, lo que conlleva sustanciosos beneficios para aquéllas[60].

3. Un punto de reflexión

Parece ser, en definitiva, y estamos en completo acuerdo con DAUNIS[61], que el inmigrante irregular y el extranjero pobre se han alzado como uno de esos *enemigos* –junto a los mendigos, terroristas, *okupas*, y el resto de "indeseables"–, culpables de todos los males del sistema y frente a los cuales hay que tener una respuesta radical y tajante. Todos ellos, son considerados factores de riesgo, fuentes de peligro, que deben ser neutralizadas, y aquí el Derecho penal se

---

incluso posterior acogida con connivencia con quienes participaron o prepararon el viaje correspondiente". En otras sentencias se limita, sin embargo, a definirla como: "la inmigración efectuada al margen de la normativa administrativa".

60 ZÚÑIGA RODRÍGUEZ, L., "El inmigrante como víctima: contradicciones del tratamiento penal del fenómeno de la inmigración", *op. cit.*, p. 123.

61 DAUNIS RODRÍGUEZ, A., "Seguridad, Derechos humanos y Garantías penales: ¿objetivos comunes o aspiraciones contrapuestas?", *op.cit.*, pp. 219 y ss.

transforma, pues, en vez de perseguir conductas de sujetos individuales, se centra en sujetos colectivos que se configuran como grupos con una alta probabilidad de generar riesgos para la convivencia pacífica de la sociedad, y frente a los cuales cualquier actuación está justificada pues el fin –la seguridad colectiva– justifica los medios –violación de derechos humanos individuales–.

En España, que duda cabe, se están realizando importantes esfuerzos para evitar la entrada irregular de extranjeros, pero para ello el ejecutivo no se ha ceñido a utilizar medidas policiales y administrativas[62], sino que también ha recurrido al Derecho penal, utilizando –tal y como estamos viendo– conceptos imprecisos y generales que convierten la conducta típica en cualquier actuación o comportamiento que pueda relacionarse con el tráfico ilegal o la inmigración clandestina, lo que trae consigo importantes dosis de inseguridad jurídica y generan serios problemas respecto del principio de legalidad[63].

La amplia formulación de las conductas típicas analizadas pudiera justificarse desde un punto de vista criminológico, ya que las bandas o redes organizadas dedicadas al tráfico ilegal de personas están compuestas por muchos miembros que desarrollan diferentes actividades: falsificación de los documentos, organización del viaje, *pateristas,* red de acogida y contratación laboral ilegal, etc. Sin embargo, una redacción tan amplia puede llevar a incluir otros supuestos como: sacerdotes que acogen al inmigrante irregular y les proporciona alimento, vestido y alojamiento; ONGs que prestan gratuitamente servicio jurídico a los inmigrantes irregulares para evitar su expul-

---

[62] Se han aumentado las operaciones policiales para reducir el tráfico ilegal de personas, existe un incremento de los fondos destinados a reforzar los medios técnicos y humanos que vigilan las zonas fronterizas, asistimos a una disminución importante de derechos para aquellas personas que acceden de forma irregular al país, se han firmado convenios con los países emisores para estrechar la colaboración policial y facilitar una expulsión más rápida de los inmigrantes.

[63] DAUNIS RODRÍGUEZ, A., "Seguridad, Derechos humanos y Garantías penales: ¿objetivos comunes o aspiraciones contrapuestas?", *op. cit.,* p. 234.

sión; el familiar o amigo que acoge al inmigrante cuando llega al país, etc. Calificar estas conductas como delito es, desde cualquier prisma que se adopte, absurdo e irracional.

El Estado, en resumidas cuentas, lo que hace es adelantar desmesuradamente la barrera de intervención penal, considerando peligrosa en sí misma la mera acción de entrada irregular de los extranjeros en nuestro país. Todo ello sumado a una política de extranjería cada vez más restrictiva con un importante incremento de las repatriaciones.

A lo largo del 2005, y según datos ofrecidos por el Ministerio del Interior en noviembre de dicho año[64], dos de cada tres inmigrantes que alcanzaron las costas españolas fueron repatriados. En total, durante los 10 primeros meses de 2005 llegaron por este medio 9.542 inmigrantes, de los cuales 6.557 han sido devueltos (un 68,7%). Paralelamente, se incrementó el número de rechazados en la frontera, denegándose la entrada a 12.580 (un 39,21% más que en el 2004). Los incrementos más importantes se registraron en el aeropuerto de Barajas en Madrid, donde se rechazaron 7.333 inmigrantes (43% más que en el 2004), en el aeropuerto del Prat en Barcelona, donde se denegó la entrada a 975 inmigrantes (66% más que en el 2004). De otra parte, el acuerdo de readmisión de personas en situación irregular firmado con Francia ha sido uno de los motivos de este incremento. En el 2004 Francia readmitió a 82.286 personas, un 65% más que en el 2003 (50.407 personas). En el 2005, y como consecuencia de los fuertes controles policiales llevados a cabo en la zona fronteriza con Francia, se ha constatado un notable descenso en la llegada de inmigrantes ilegales, procedentes en su mayoría de Rumanía y Bulgaria. Así de las 68.595 readmisiones que se solicitaron a Francia durante los primeros diez meses del 2004, durante el 2005 sólo se han requerido 46.889 (un 31% meses).

Esto es, nuestro país entiende peligroso para su organización política, social y económica el mero hecho de que los extranjeros

---

[64] www.mir.es/oris/notapres/year05

accedan a España sin los requisitos necesarios al efecto[65]. O lo que es lo mismo, no se busca conceder protección a los bienes jurídicos de los extranjeros que intentan acceder a España, sino evitar el propio acceso de los mismos. Se trata, en definitiva, de una prueba más de ese *Derecho penal del enemigo* que tantas páginas está llenando y tantos debates está suscitando.

Por no hablar de la forma más acusada de esa nueva visión del derecho penal frente al enemigo extranjero irregular: el art. 89 CP. Este artículo prevé la sustitución de las penas de prisión inferiores a seis años impuestas a los extranjeros no residentes legalmente por la expulsión del territorio nacional con la prohibición de regresar a España durante un periodo de tiempo mínimo de 10 años. Esta medida puede suponer mayor pena que el propio cumplimiento de la condena –que si no llega a los 2 años de prisión podría ser suspendida condicionalmente–, además de anteponerse al derecho del acusado a un proceso con todas las garantías y a la tutela judicial efectiva, e ignora la finalidad preventiva de las penas diseñada en nuestra Constitución.

Como no nos cansaremos de recordar, el Derecho penal no es el medio más adecuado para regular el fenómeno migratorio, y ahí están las estadísticas para demostrarlo. En este sentido, las medidas económicas y la colaboración entre los países implicados son la mejor forma para evitar la llegada de más inmigrantes por otras vías de las establecidas oficialmente. La regulación penal de los flujos migratorios debiera desaparecer del ordenamiento punitivo y permanecer únicamente en el administrativo, de lo contrario se produce un claro quebrantamiento del principio de *ultima ratio* e intervención mínima del Derecho penal[66].

---

[65] DAUNIS RODRÍGUEZ, A., "Seguridad, Derechos humanos y Garantías penales: ¿objetivos comunes o aspiraciones contrapuestas?", *op. cit.,* p. 234.

[66] DAUNIS RODRÍGUEZ, A., "Reflexiones en torno a los problemas de aplicación e interpretación del art. 318 bis del CP", *op. cit.,* p. 687.

VII

El tráfico de personas para su explotación sexual.
La trata de blancas

1. Perfiles del problema

Desde sus orígenes el fenómeno del tráfico sexual de personas ha aparecido esencialmente vinculado a las mujeres. No es casualidad que el nombre con que fue conocido haya sido el de "trata de blancas" que equivale a "comercio transfronterizo de mujeres". Lo que sí ha ido cambiando paulatinamente ha sido la fisonomía de este tráfico y de la prostitución misma[67].

El término "trata de blancas" fue utilizado formalmente en la conferencia de París de 1902, dirigida a la creación de un instrumento internacional para la persecución y supresión del tráfico de esclavas blancas (*la traite des blanches*) y, aunque inicialmente la única finalidad del concepto fue distinguir estas conductas del comercio de esclavos negros desarrollado en el siglo XIX, pronto fue presa de manipulaciones por determinados grupos racistas que lo conectaron directamente con el tráfico de mujeres blancas, cuando lo cierto es que dichas prácticas incluían mujeres de todas las razas. La confusión en su uso provocó que la conferencia internacional de 1921 recomendara el abandono de su utilización por el de Tráfico de Mujeres y Niñas, siendo esta denominación adoptada con posterioridad por la Liga de Naciones y Naciones Unidas en todos sus trabajos, si bien lo cierto es que el término sigue siendo utilizado[68].

A su condición de género y la situación de desigualdad social, jurídica, económica y política se suma, en los últimos años, su condición de emigrante, lo que otorga a la mujer un específico nivel

---

[67] MAQUEDA ABREU, M. L., *El tráfico sexual de personas*, *op. cit.*, p. 15.

[68] DE LEÓN VILLALBA, F. J., *Tráfico de personas e inmigración ilegal*, *op. cit.*, p. 3

de vulnerabilidad que se manifiesta en un substancial crecimiento de su victimización, sobre todo en el marco de la ilegalidad en el que se ubica este fenómeno. La red tejida en torno a la migración internacional, la exportación laboral, el turismo sexual, la prostitución y el tráfico de personas, constituye uno de los mayores complejos delincuenciales que salpica el presente de muchas personas en condiciones inhumanas de subsistencia, y crea uno de los más importantes retos que tiene que afrontar la sociedad internacional[69].

Naciones Unidas estima que aproximadamente cuatro millones de personas al año, en todo el mundo, son objeto de tráfico ilegal de inmigrantes, de las que aproximadamente dos millones son mujeres víctimas de las redes de tráfico dirigido a la prostitución[70], lo que produce unos beneficios para las organizaciones delictivas que lo llevan a cabo de más de siete mil millones de dólares, de los cuales la mayoría provienen de la utilización de esas personas con fines de explotación sexual.

Su estructura es cada vez más compleja y selectiva, y se aleja de los clásicos burdeles para vincularse a la industria del ocio (saunas, clubes, salones de masaje, hoteles, servicio de acompañantes, salones de té, bares con pases de gogó, etc.,). De igual forma, también la demanda de servicios sexuales se ha ido modificando y se va haciendo cada vez más variada y caprichosa, por parte de una clientela que, dependiente de las modas, prefiere hoy mujeres extranjeras –más baratas– y preferentemente exóticas. En definitiva, no es sino la materialización de la "internacionalización de la fuerza de trabajo sexual", con génesis en el fenómeno globalizador y los grandes movimientos migratorios que, a nivel mundial, éste ha traído consigo[71].

---

[69] *Ibídem*, pp. 19 y 20.

[70] Según datos emitidos por la Conferencia de Mujeres 2000, celebrada en Nueva York durante la primera quincena del mes de junio (El Mundo, jueves 8 de junio de 2000).

[71] MAQUEDA ABREU, M. L., *El tráfico sexual de personas, op. cit.*, pp. 15 y 16.

Y es que la conexión entre tráfico y prostitución organizada es aún más visible en la actual industria del sexo, pues la prostitución organizada es el estímulo económico y estructural del tráfico sexual. El tráfico internacional que cubre la demanda sexual, o parte de ella, traslada emigrantes de un país a otro. Los principales países europeos receptores son: Alemania, Holanda, España, Suiza, Italia y Austria. De su parte, los países origen del tráfico en Latinoamérica son: República Dominicana, Colombia, Brasil, Uruguay, Surinam y Ecuador; en Europa: Kosovo y toda la zona de los Balcanes; en África: Guinea, Nigeria...[72]

En los países de origen, la confluencia de problemas de desarrollo, feminización de la pobreza, el desempleo, falta de oportunidades laborales, los niveles de educación, en general el nivel económico, los conflictos civiles y militares y las prácticas esclavistas (países tercermundistas que siguen considerando a la mujer una propiedad del hombre o de su familia que, por tanto, puede disponer de ella y venderla), constituyen el caldo de cultivo de la venta de mujeres con fines, normalmente, de explotación sexual y la puesta a disposición de redes organizadas de los futuros personales de muchas personas que ven en la inmigración ilegal su única vía de salida.

Respecto de los países receptores: la sociedad de consumo, el incremento de la demanda de determinados servicios y la falta de políticas represivas hace que el tráfico se vea como un negocio, con pocos riesgos y elevados beneficios. Una situación agravada por la actuación de los medios de comunicación y el denominado "efecto demostración", que creando falsas expectativas hacen de la inmigración una salida hacia la esperanza. Esto es, en muchos de los países de origen, el incremento del desempleo, el índice de deserción escolar crece, lo que sumado al nivel de autoestima de la mujer, producto de la utilización de su imagen como objeto de uso a través

---

[72] *Ibídem*, p. 46.

de los medios de comunicación, la desintegración familiar y otras formas de violencia convierten a la explotación sexual en una práctica común y aceptada e impiden cualquier posibilidad de conceptuar la prostitución como libremente aceptada en aquellos supuestos en los que se puede apreciar un cúmulo de estos factores[73].

Un tráfico ilegal conectado con otros mercados y otras mafias, también ilegales: de la droga, las armas, la pornografía o el crimen organizado. O lo que es lo mismo, en la prostitución no se trata, en su mayoría, de acciones individuales llevadas a cabo por proxenetas o chulos, sino de redes o mafias internacionales que las realizan paralelamente a otros delitos. Pornografía, prostitución y tráfico de mujeres con fines de explotación sexual configuran un triángulo que, junto con el tráfico de drogas, constituyen el punto neurálgico de la criminalidad internacional[74]. Uno de los negocios más lucrativos del mundo, lo que complica sobremanera su lucha eficaz. Pues requeriría no sólo de soluciones punitivas, sino de estrategias de prevención que van desde propuestas de intervención activa y de protección en áreas jurídicas y socio-económicas, preferentemente, hasta políticas de concienciación y responsabilización acerca de la trascendencia de un fenómeno que, frente a lo que se cree, no es marginal, ni desde luego espontáneo, ya que descansa en una situación estructural de desigualdad, que garantiza la pobreza, la marginalización y el abuso para sectores crecientes, siempre los más vulnerables, de la población mundial.

Estamos, nada más y nada menos, ante lo que se ha calificado, con razón, la llamada *esclavitud* de nuestro tiempo[75]. Una triste realidad, en ocasiones, favorecida por los propios países de origen, que pueden llegar a generar políticas estatales de permisividad e incluso de fomento del tráfico, pues el dinero enviado por las

---

[73] *Ibídem*, p. 73.
[74] *Ibídem*, p. 217.
[75] *Ibídem*, pp. 20 y ss.

mujeres que se prostituyen en el exterior genera una riqueza que en ocasiones puede (como en el caso dominicano) equipararse a la cantidad de dinero del presupuesto nacional que el país gasta en bienes y servicios[76].

2. Regulación de la prostitución en el Código penal español

En el derecho español la prostitución está descriminalizada; esto es, no se considera delito. Ello sin duda es coherente con una perspectiva liberal que define éste como uno de lo clásicos delitos "sin víctima". Sin embargo, es una quimera la imagen de un delito sin víctima y se apunta a la mujer que ejerce la prostitución no sólo como víctima, sino como "doble víctima" de la situación y de la ausencia de regulación. Esto es, se hace evidente la hipocresía social de no criminalizar y defender al propio tiempo la no legalización, produciendo con ello el que la mujer deba sufrir desde un doble frente: enfrentándose con la falta de protección de la ley y conviviendo con la estigmatización. Pero, claro, esto se traduce en una situación altamente beneficiosa para el cliente, que sin verse agravado por la criminalización no lo está tampoco por la legalización.

Pero aunque la prostitución no constituye delito, lo que resulta punible, lógicamente, es obligar a alguien a ejercerla contra su voluntad, pues, de igual modo que en las agresiones o abusos supone un atentado contra la libertad sexual. De este modo, el art. 188. 1 de nuestro CP dice expresamente:

"El que determine, empleando violencia, intimidación o engaño, o abusando una situación de superioridad o de necesidad o vulnerabilidad de la víctima, a persona mayor de edad a ejercer la prostitución o a mantenerse en ella, será castigado con las penas de prisión de dos a cuatro años y multa de doce a veinticuatro meses […]".

---

[76] DE LEÓN VILLALBA, F. J., *Tráfico de personas e inmigración ilegal, op. cit.*, p. 72.

3. De nuevo el castigo del proxeneta o rufián

Finalmente, la situación a medio camino entre la legalidad y la criminalización trae consigo, como uno más de sus efectos, la falta de protección de las prostitutas, que pueden ser acosadas por todo el mundo: policías, chulos y clientes. Y cuando esa "protección" se otorga, paradójicamente, resulta hacerse, en opinión de las propias afectadas, demasiado intromisiva; por ejemplo castigando al rufián, al proxeneta, aún cuando la propia mujer consiente. Y esto es lo que ocurre en nuestro Derecho penal, tras la reforma llevada a cabo por la LO 11/2003, que introdujo un último párrafo en el art. 188.1 CP.

Art. 188.1 *in fine:* "...En la misma pena incurrirá el que se lucre explotando la prostitución de otra persona, aun con el consentimiento de la misma".

Esto es, comportamientos de mero favorecimiento, como la facilitación de locales o de clientes, quedan excluidos del ámbito de aplicación del precepto, salvo que le reporte un beneficio a quien lo hace, pues desde dicha reforma se le impondrá la misma pena a quien se lucre explotando la prostitución de otra persona, aun con el consentimiento de ésta. O lo que es lo mismo, se reintroduce la figura del proxeneta, con lo que retornamos a un concepto moralista de la prostitución, diametralmente opuesto a un modelo constitucional basado en el respeto a la libertad y en la no confesionalidad del Estado. Una regulación, en todo caso, ciertamente hipócrita, pues tras más de 2 años en vigor, los *clubs* de carretera, las salas de "masaje", los servicios de acompañamiento, burdeles y demás, siguen funcionando a pleno rendimiento, y no será porque desconocemos los lugares donde se ubican –quizás los letreros luminosos y las luces de neón no sean suficientes...–.

4. La trata de blancas como negocio de las organizaciones criminales

En cuanto a la conexión de la prostitución con las organizaciones criminales dedicadas al tráfico internacional de personas para su explotación sexual, el art. 318 bis, 2 y 3, como veíamos, nos dice:

"2. Si el propósito del tráfico ilegal o la inmigración clandestina fuera la explotación sexual de las personas, serán castigados con la pena de cinco a 10 años de prisión.

3. Los que realicen las conductas descritas en cualquiera de los dos apartados anteriores con ánimo de lucro, o empleando violencia, intimidación, engaño o abusando de una situación de superioridad o de especial vulnerabilidad de la víctima, o siendo la víctima menor de edad o incapaz o poniendo en peligro la vida, la salud o la integridad de las personas, serán castigados con las penas en su mitad superior [...].

De este modo, la triste práctica, pero cada vez más usual, de traer mujeres (engañadas o no) desde otro país, que una vez aquí se ven obligadas a comerciar con su cuerpo para hacer frente a la supuesta deuda contraída, se castiga desde un doble frente: como delito contra la libertad sexual (art. 188 CP) y como delito contra los derechos de los ciudadanos extranjeros (art. 318 bis).

Pero subsiste, sin embargo, un problema. El art. 318 bis, al rubricarse como "Delitos contra los derechos de los ciudadanos extranjeros", dejaría sin protección verdaderos casos de trata de personas para su explotación sexual cuando éstas no tuvieran la condición de "extranjeras", como sucedería con las españolas o las ciudadanas de otro país perteneciente a la Unión Europea.

5. Reflexiones finales

El tráfico de mujeres dirigidas a la explotación sexual no puede observarse desde una óptica unidireccional, sino que debe adoptar un lente binocular en la que queden perfectamente reflejados tanto los intereses económicos que genera, como las connotaciones, preferentemente sexuales, que encierra. El tráfico de mujeres sólo puede entenderse en términos de poder, tanto económico como sexual, en un marco en el que las relaciones de género se han visto siempre condicionadas por la primacía masculina y, sólo ahora, muestra esa doble vertiente mediante la publicitación de la esclavitud femenina sexual como un exponente más del grado de minusvaloración en el desarrollo y aplicación de los derechos fundamentales de las mujeres[77].

Porque, en la actualidad, las causas que motivan la emigración relacionada con el tráfico obedecen a una serie de factores que, generalmente, interactúan en la adopción de las decisiones y que, sólo en ocasiones, actúan por separado: la falta de oportunidades en los países de origen, la extrema pobreza al que se ven sometidos muchos países en vía de desarrollo –con una especial repercusión en la marginación de la mujer–, la falta de educación y formación laboral y otros de distinta naturaleza, como el crecimiento de la demanda de mujeres exóticas, del turismo sexual, la internacionalización de las redes del crimen organizado. En resumen, un fenómeno que aúna la complejidad criminológica de las diversas formas de criminalidad en relación con los factores socio-culturales de sus víctimas: la delincuencia sexual y violenta en su forma organizada, que extiende sus tentáculos hacia el ámbito económico, concretamente laboral, y la explotación de las diversas posibilidades que les otorga los menores de edad[78].

---

[77] *Ibídem*, p. 22.
[78] *Ibídem*, pp. 61 y 62.

En el informe del Secretario General sobre las actividades de los órganos de las Naciones Unidas y otras organizaciones internacionales relacionadas con el problema de la trata de mujeres y niñas (20 de enero de 2000), resalta lo siguiente: "Es importante reconocer que toda solución efectiva y realista del problema de la trata de personas dependerá, en gran medida, de la comprensión de sus causas básicas. Cabe mencionar las siguientes: factores económicos, como la pobreza, escasez de alimentos, el desempleo y el endeudamiento; factores sociales y culturales, como la violencia contra las mujeres y las niñas y la discriminación por razones de género dentro de la familia y la comunidad y por el Estado; factores políticos y jurídicos, como la inexistencia de una legislación apropiada, la falta de voluntad política y la corrupción del sector público; y factores internacionales, como la feminización cada vez mayor de la migración laboral, por una parte, y las políticas de inmigración cada vez más restrictivas de los países receptores, por la otra, el poder y la participación cada vez mayores de las redes trasnacionales de la delincuencia organizada, la rápida expansión de la industrial mundial del sexo y la brecha creciente entre los países ricos y los pobres. Sólo afrontando estas causas complejas e interrelacionadas se conseguirá avanzar en la eliminación de la trata y la protección de los derechos de las personas objeto de ella. Es particularmente importante que los derechos humanos se integren en el análisis del problema de la trata de personas y la articulación de soluciones. Como ha observado la Alta Comisionada para los Derechos Humanos, esa es la única manera de concentrar los esfuerzos a favor de la persona objeto de trata y de velar porque esta actividad no sólo se reduzca a un problema de emigración, un problema de orden público o un problema de delincuencia organizada"[79].

---

[79] *Vid.*, en DE LEÓN VILLALBA, F.J., *Tráfico de personas e inmigración ilegal, op. cit.*, p. 62, nota 62.

En cualquier caso, y en lo que a España en concreto se refiere –y que se puede hacer extensible a infinidad de países–, la situación legal de las mujeres extranjeras que se dedican a la prostitución se ve agravada por el tratamiento que tal tema se da en nuestro país, donde aunque no está prohibida tampoco se regula adecuadamente. Y es, precisamente por aquí, por donde hay que comenzar. Porque mientras no exista una postura clara sobre el tratamiento jurídico de la prostitución, las mujeres inmigrantes que se dedican a esta oficio – se estima que de las 300.000 mujeres que se dedican a la prostitución en España la mayoría son extranjeras–[80], estarán doblemente victimizadas: como inmigrantes irregulares y como prostitutas sin reglamentación. Y este es, no cabe duda, el caldo de cultivo ideal para favorecer su explotación (sexual, laboral, etc.), puesto que su doble victimización les llevará a no denunciar y a no colaborar con las autoridades correspondientes. Sin duda, un negocio redondo para gente sin escrúpulos[81].

VIII

Conclusiones Valorativas

Si es cierto, como DURKHEIM aseveraba, que la calidad moral de una cultura se mide por su relación con lo extraño[82], podemos decir que la sociedad española no tiene la moral deseable en estos tiempos

---

[80] EL PAÍS, 18 de enero de 2004. Una situación, como veremos, cada vez más importante, pues en las últimas décadas este sector sufre la misma demanda de trabajadores que otros sectores laborales de baja cualificación: apenas es ejercida por nacionales, al menos en sus estratos más bajos, porque aspiran a mejores puestos en la sociedad (con la excepción de las drogodependientes). Este hueco lo cubren las inmigrantes. *Vid.,* en SÁNCHEZ GARCÍA DE PAZ, I., "Inmigración ilegal y tráfico de seres humanos para su explotación laboral o sexual", *op. cit.,* p. 117,

[81] ZÚÑIGA RODRÍGUEZ, L., "El inmigrante como víctima: contradicciones del tratamiento penal del fenómeno de la inmigración", *op. cit.,* p. 124.

[82] *Ibídem*, p. 105.

ciertamente extraños. Nuestro mundo actual es de cambio incontrolado y confuso, en el que la gente tiende a reagruparse en torno a entidades primarias, tales como la religión, la etnia, el territorio o la nacionalidad. Son éstos unos tiempos azarosos donde, de acuerdo con CASTELLS, "el fundamentalismo religioso, cristiano, islámico, judío e incluso budista es probablemente la fuerza más formidable de seguridad personal y movilización colectiva"[83].

Es ciertamente lógico que el Estado regule las migraciones, para que éstas sean ordenadas y congruentes con la capacidad de la sociedad para absorberla social y económicamente, pero las políticas legislativas que restringen excesivamente la regularización de los inmigrantes conllevan finalmente bolsas de irregulares, con un extraordinario poder criminógeno: estas personas se convierten en mercancías del mercado en mano de las leyes del más fuerte, los traficantes de seres humanos[84]. Se debe, en consecuencia, empezar por hallar la fórmula de regularizar a los inmigrantes de manera ordenada y de acuerdo a las necesidades sociales y económicas de la sociedad[85]. Ese es el mejor modo de desactivar la criminalización de los inmigrantes y de todos aquellos que viven de su vulnerabilidad. Desvictimizar para descriminalizar. Porque la multiculturalidad es producto de la globalización, lo queramos o no. Y es que, como bien asevera Javier SOLANA[86]: "O los recursos se mueven del norte al sur o las personas se moverán del sur al norte".

---

[83] CASTELLS, M., *La era de la información. Vol. 1. La sociedad red,* 2.ª edic., Alianza Editorial, Madrid, 2001, p. 33.

[84] ZÚÑIGA RODRÍGUEZ, L., "El inmigrante como víctima: contradicciones del tratamiento penal del fenómeno de la inmigración", *op. cit.*, p. 129.

[85] La ONU ha advertido que Europa necesitará 44.000.000 de inmigrantes para mantener el crecimiento demográfico y económico, y para mantener las pensiones de una población cada vez más envejecida. *Vid.*, en ZÚÑIGA RODRÍGUEZ, L., "El inmigrante como víctima: contradicciones del tratamiento penal del fenómeno de la inmigración", *op. cit.*, p. 129.

[86] Alto Representante de la Unión Europea para la Política Exterior y Seguridad Común (PESC).

BIBLIOGRAFÍA

ÁLVAREZ ALVAREZ, G., "La protección contra la discriminación del extranjero en el CP", en *El extranjero en el Derecho penal español sustantivo y procesal (adaptado a la Nueva Ley orgánica 4/2000), Manual de Formación Continua,* Madrid, Consejo General del Poder Judicial, 2000.

CASTELLS, M., *La era de la información. Vol. 1. La sociedad red,* 2.ª. edic., Alianza Editorial, Madrid, 2001.

DAUNIS A., "Reflexiones en torno a los problemas de aplicación e interpretación del art. 318 bis del CP", en PÉREZ ÁLVAREZ, F., (ed.) *Serta. In memoriam Alexandri Baratta,* Ediciones Universidad de Salamanca, 2004.

DAUNIS RODRÍGUEZ, A., "Seguridad, Derechos humanos y Garantías penales: ¿objetivos comunes o aspiraciones contrapuestas?", en BERDUGO GÓMEZ DE LA TORRE-SANZ MULAS, (coord..), *Derecho Penal de la Democracia vs Seguridad Pública,* Comares, Granada, 2005.

DE LA CUESTA ARZAMENDI, J. L., "Las nuevas corrientes internacionales en materia de persecución de delitos sexuales a la luz de los documentos de organismos internacionales y europeos", en *Delitos contra la libertad sexual, Estudios de Derecho Judicial,* n.º 21, 2000.

DE LEÓN VILLALBA, F. J., *Tráfico de personas e inmigración ilegal, Valencia,* Tirant lo Blanch, Valencia, 2003.

GUANARTEME SÁNCHEZ LÁZARO, F., "El nuevo delito de tráfico ilegal de personas", en LAURENZO COPELLO, P., (coord..,) *Inmigración y Derecho penal,* Valencia, 2002.

http://epp.eurostat.ec.europa.eu

http://extranjeros.mtas.es

http://hdr.undp.org/reports/global/2005

http://wonkapistas.blogspot.com/2006.

Informe para al Desarrollo Humano 2000. Programa de las Naciones Unidas para el Desarrollo 2000.

MAQUEDA ABREU, M. L., *El tráfico sexual de personas,* Tirant lo Blanch, Valencia, 2001.

RODRÍGUEZ CANDELA, J.L., "Incentivos legales por la persecución de determinados delitos", en LAURENZO COPELLO, P. (coord..), *Inmigración y Derecho penal,* Valencia, 2002.

RODRÍGUEZ MONTAÑÉS, T., "Ley de extranjería y Derecho Penal", *La Ley,* n.º 5261, de 6 de marzo de 2001.

SAINZ-CANTERO CAPARRÓS, J. E., *Los delitos contra los derechos de los ciudadanos extranjeros,* Barcelona, 2002.

SÁNCHEZ GARCÍA DE PAZ, I., "Inmigración ilegal y tráfico de seres humanos para su explotación laboral o sexual", en DIEGO DÍAZ-SANTOS – FABIÁN CAPARRÓS (coord..), *El sistema penal frente a los retos de la nueva sociedad*, Colex, Madrid, 2003.

SERRANO PIEDECASAS, J. R., "Los delitos contra los derechos de los ciudadanos extranjeros", en *El extranjero en el Derecho penal español sustantivo y procesal (adaptado a la Nueva Ley orgánica 4/2000)*, *Manual de Formación Continua*, Madrid, Consejo General del Poder Judicial, 2000.

TERRADILLOS BASOCO, J. M., "Tráfico ilegal de emigrantes", en ZÚÑIGA RODRÍGUEZ –MENDEZ RODRÍGUEZ– DIEGO DÍAZ SANTOS, (coord..,), *Derecho penal, sociedad y nuevas tecnologías*, Madrid, Colex, 2001, p. 14.

www.antorcha.org/hemer/inmigra.htm

www.el-mundo.es/especiales/2005/02/sociedad/inmigración/cifras/

www.ilo.org/public/spanish/bureau/inf/download/ecosoc/migration.pdf

www.lavanguardia.es, 16 de febrero de 2005

www.lukor.com

www.mir.es/oris/notapres/year05

www.noticias.info

www.tt.mtas.es/periodico

www.uned.es/investigación/publicaciones

www.univision.com

ZÚÑIGA RODRÍGUEZ, L., "El inmigrante como víctima: contradicciones del tratamiento penal del fenómeno de la inmigración", en DIEGO DÍAZ-SANTOS – FABIÁN CAPARRÓS – RODRÍGUEZ GÓMEZ (coord..), *La reforma penal a debate*, XVI Congreso Universitario de Alumnos de Derecho Penal, Universidad de Salamanca, Salamanca, 2004.

"A JIHAD GLOBAL E O CONTEXTO EUROPEU"

MARIA DO CÉU PINTO[1]
Professora da Universidade do Minho

Após os ataques do 11 de Setembro, os investigadores descobriram o alcance global da al-Qaeda que dispõe de células terroristas em todos os continentes, com particular relevo, para a Europa: Espanha, Grã-Bretanha, França, Itália, Bélgica, Alemanha, Suíça, Holanda, Bósnia e Kosovo. Embora ainda pouco se saiba sobre a al-Qaeda e grupos afins, com base nas investigações conduzidas desde os atentados de 11 de Setembro, é já possível fazer uma ideia da organização e *modus operandi* da rede. Pretende-se aqui elucidar alguns dos aspectos mais relevantes da actuação da al-Qaeda, especialmente no contexto da Europa.

A al-Qaeda é uma organização amorfa se comparada com as organizações terroristas clássicas que têm uma estrutura interna formal, do tipo rígido e hierárquico. Mais do que uma organização, a al-Qaeda é uma rede global de relações, aquilo que em linguagem sociológica se classifica como uma SPIN: Rede Segmentada, Policêntrica e Ideologicamente Integrada. A al-Qaeda, formada em 1989,

---

[1] Autora dos livros *O Islão na Europa* (coord.), Lisboa, Prefácio, 2006; *"Infiéis na Terra do Islão": os Estados Unidos, o Médio Oriente e o Islão*, Fundação Calouste Gulbenkian, 2003; *Political Islam and the United States: A Study of U. S. Policy Towards the Islamist Movements in the Middle East*, Ithaca Press, Reading, 1999. Tem em fase de publicação o livro, *As Nações Unidas e a manutenção da paz*.

no final da guerra do Afeganistão, é uma estrutura de coordenação pouco hierarquizada, flexível e descentralizada. Era inicialmente constituída por elementos terroristas de todo o mundo que se juntavam esporadicamente, numa base casuística, para organizarem operações de terror e que tinham duas coisas em comum: a experiência de luta na *jihad* afegã e a mesma ideologia intransigente.

Tal como afirma Bruce Hoffman, da RAND Corporation, "desde o 11 de Setembro (...) que bin Laden e os seus correligionários engendraram nada menos do que uma assombrosa transformação da al-Qaeda, de organização unitária em algo mais semelhante a uma ideologia fiel à sua designação e missão original – a "base de operação" ou "alicerce" ou, como outras traduções mais apropriadamente a descrevem, o "preceito" ou "método". No essencial, a Al Qaeda transformou-se de entidade burocrática que podia ser destruída, e num exército irregular que podia ser derrotado no campo de batalha, na nitidamente menos poderosa, mas seguramente mais resistente entidade amorfa que é hoje."[2] A respeito da metamorfose do grupo terrorista, Hoffman diz ainda: "A al Qaeda actual existe mais como uma ideologia que se transformou numa vasta empresa – uma *franchise* internacional com representantes locais vagamente ligados a uma base central ideológica ou de motivações, mas que promove os objectivos do núcleo de forma simultânea, e, ao mesmo tempo, independente."

A al-Qaeda desempenha várias e diversificadas funções que podem ser descritas como: dispensadora de autoridade moral; treino; recolha de fundos; financiamento de actos terroristas; *expertise* para a organização de actividades terroristas; envio de mercenários para diferentes causas e lançamento de operações próprias.

A al-Qaeda tem uma composição difusa, compondo-se predominantemente de círculos concêntricos, numa estrutura semelhante à

---

2 BRUCE HOFFMAN, "Does Our Counter-Terrorism Strategy Match the Threat?", CT-250-1, RAND Corporation, Setembro de 2005, p. 3.

das bonecas russas. A hierarquia existe a nível do topo e é composta por Osama bin Laden e os seus mais directos colaboradores, responsáveis pelos principais pelouros e pela direcção geral do movimento. No mesmo patamar, situam-se os operacionais que desempenham um papel importante na organização dos atentados, mas que todavia são "dispensáveis". A al-Qaeda tem, assim, vários níveis operacionais:

I. núcleo de líderes e profissionais: trata-se do núcleo-duro da al-Qaeda, o qual sofreu pesadas baixas a partir da intervenção americana no Afeganistão com a morte ou captura de vários importantes líderes e profissionais de topo (Abu Atef, Abu Zubayda, Hambali e Abu Faraj al-Libi). A eliminação destes elementos não tem impedido a organização de se regenerar. O núcleo-duro continua a operar, presumivelmente a partir do Paquistão, e continua e exercer a coordenação, se não mesmo algum comando em termos de: definição e planeamento dos ataques, direcção das actividades de vigilância e análise dessa informação e aprovação dos atentados. O grupo de profissionais de confiança da liderança do grupo foi o responsável pelos atentados de maior impacto, como o 11 de Setembro, o *U.S.S. Cole* (2000) e as embaixadas americanas em África (1998).

II. os sócios e afiliados: trata-se de grupos que se aliaram abertamente à al-Qaeda, alguns dos quais já a partir da declaração de 1998 em que bin Laden exorta à *jihad* contra os EUA.[3] Estes grupos recebem vários tipos de apoio da al-Qaeda, que vai da simples direcção espiritual ao treino, ajuda logística e fornecimento de dinheiro e de armas. São grupos terroristas ou insurgentes nas

---

[3] Com Ayman al-Zawahiri, líder do grupo egípcio Jihad Group; Abu-Yasir Rifa'i Ahmad Taha, líder do Grupo Islâmico egípcio; *sheikh* Mir Hamzah, secretário do Jamiat-ul-Ulema-e-Pakistan e Fazlul Rahman, líder do Movimento Jihad no Bangladesh.

Filipinas, Bósnia, Cachemira, Uzbequistão, Indonésia, Iraque, Somália, Chechénia, Filipinas e Argélia. Eles promovem os objectivos da al-Qaeda, amplificando assim a sua implantação global e a sua capacidade logística e organizacional noutras partes do mundo – a chamada *Jihad Global*.

III. os aderentes locais: trata-se, no geral, de aderentes que tiveram alguma experiência anterior em actividades terroristas, que participaram em campanhas jihadistas na Argélia, Balcãs, Chechénia, Iraque ou ainda que passaram pelos campos de treino da al-Qaeda no Afeganistão. É o caso de Richard Reid, o "terrorista das sapatilhas" (2001), e de Ahmed Ressam, implicado no "Complot do Milénio" contra alvos nos EUA (1999). A característica distintiva destes elementos é o facto de terem tido algum relacionamento prévio com a al-Qaeda e/ou com bin Laden. Procuram a apoio logístico-financeiro da al-Qaeda mas, no geral, agem por sua iniciativa, em nome da ideologia da *Jihad Global*. No geral, recebem algum tipo de apoio da al-Qaeda que, no entanto, não é nem muito consistente, nem particularmente específico.

IV. a rede global: são os elementos radicalizados um pouco por todo o mundo e que promovem atentados terroristas em solidariedade com a al-Qaeda e do seu programa jihadista mundial. São os elementos mais imprevisíveis e "soltos" no que se refere à organização: a sua ligação à al-Qaeda é inexistente, à excepção da inspiração que a al-Qaeda lhes fornece. Agem também por sua iniciativa, impelidos por uma série de estímulos: são motivados pelo sentido de revolta contra os EUA e o Ocidente em geral (em especial no caso dos muçulmanos que vivem na Europa). Os motivos da sua indignação são a invasão anglo-americana do Iraque e a situação, descrita como de "opressão" e "subjugação", dos muçulmanos na Palestina, Cachemira, Chechénia. Encontramo-nos aqui perante grupos, como os que estão por detrás dos atentados contra Madrid (2004), Londres (2005), o complot para fazer explodir simultaneamente vários voos em trânsito de Londres para os EUA (Agosto de 2006) ou mesmo o assassino do realizador holandês Theo van Gogh.

Outro ponto relevante que sobressai das investigações desenvolvidas pelos vários serviços de intelligence e polícia, é que a al-Qaeda está firmemente radicada na Europa. É importante sublinhar que o grupo que liderou o 11 de Setembro se formou na Europa, principalmente em Hamburgo. Os seus membros, como o cabecilha, Mohamed Atta, converteram-se ao Islão radical nas mesquitas europeias e daí iniciaram o seu percurso *jihadista*, que passou inevitavelmente pelo treino armado no Afeganistão. É significativo que, nos meses que seguiram os atentados do 11 de Setembro, tenha sido descoberto uma segunda vaga de ataques em preparação contra vários países europeus e que nos últimos anos a Europa se tenha confirmado como um dos principais alvos dos terroristas.

Na sequência do 11 de Setembro, os investigadores sublinharam o papel que importantes metrópoles europeias, como Londres, desempenham enquanto centro de operações dos extremistas. Em França, nos meios dos serviços de segurança, Londres era há muito ironicamente apelidada de "Londonistão" devido à sua fama de santuário de terroristas árabes. Durante a última década, enquanto muitos governos árabes eliminavam ou neutralizavam as franjas extremistas, os radicais islâmicos emigravam para a Europa, tirando partido da sua atmosfera tolerante e liberal. Muitos chegaram à capital inglesa com pesadas condenações por envolvimento em actividades terroristas e subversivas nos seus países. Contudo, alegando "perseguição política" nos seus países de origem, obtiveram refúgio e generosos subsídios do sistema de segurança social. Muitos obtiveram asilo político e puderam re-organizar as suas actividades. A capital britânica tornou-se assim um dos principais pontos de doutrinação dos jihadistas e um centro de passagem para os recrutas destinados aos campos de treino de bin Laden no Afeganistão.

Terroristas conhecidos, como Zacarias Moussaoui (o chamado "vigésimo terrorista", capturado em Junho de 2001 nos EUA) e

Djamel Beghal (que planeava o atentado contra a embaixada americana em Paris), foram recrutados nas mesquitas radicais de Londres de onde foram enviados para os campos de treino afegãos. Mesquitas da capital, como a Mesquita Brixton, a Mesquita de Finsbury Park e a sala de oração de Abu Qatada (Baltazar Garzón definiu-o "embaixador de bin Laden na Europa") em Baker Street, foram identificadas como centros da cultura fundamentalista e terreno de recrutamento de agentes da al-Qaeda. Os investigadores na França, Espanha, Itália e Alemanha identificaram a função chave de alguns pregadores islamistas na disseminação da doutrina da *Jihad Global*, recrutamento e possivelmente na legitimação de alguns actos terroristas.

Na última década, as organizações islâmicas extremistas cresceram dramaticamente no seio das comunidades imigrantes europeias. Movimentos extremistas ingleses, tais como o "Al-Muhajiroun" e os "Apoiantes da *Sharia*", usaram a Internet para alistar voluntários para o combate nas *jihads* de Kashmir, Chechénia e do Afeganistão. Por sua vez, os descobridores de talento da al-Qaeda, homens de confiança com experiência no campo de batalha, passam a pente fino as mesquitas onde a mensagem do Islão radical impera.

A actuação da al-Qaeda é potenciada pela presença de largas comunidades de emigrantes árabes e muçulmanos (França: 4,5 milhões; Alemanha: 3,040 milhões; Grã-Bretanha: 1,406 milhões; Itália: 700 mil, Espanha, 350 mil). Estas comunidades são fonte de recrutamento de elementos locais, essencialmente amadores, que desempenham actividades de apoio ao terrorismo. Trata-se, no geral, de jovens árabes, oriundos da segunda geração de emigrantes (nascidos na Europa ou aí criados desde tenra idade), que se sentem alienados da sociedade ocidental que os circunda. Nestas comunidades, os terroristas vindos do exterior (em geral, magrebinos e egípcios) mimetizam-se, camuflam-se e passam despercebidos, assumindo a aparência de cidadãos "normais". Jamal Zougam, o alegado líder do atentado de Madrid, trabalhava regularmente na sua loja de comunicações telefónicas, cumprindo um rígido horário laboral, e, embora sendo um muçulmano dedicado, fumava, bebia álcool e frequentava as discotecas. A maioria dos implicados no atentado de 11 de Março, conhecidos como "Comando Lavapiés", vivia num bairro popular de Madrid com o mesmo nome, ponto tradicional de confluência da comunidade árabe.

As redes da al-Qaeda e suas "nebulosas" ocupam-se activamente da recolha de fundos, a qual assenta nas seguintes actividades de financiamento:

- contrafacção de cartões de crédito;
- fraudes com recurso a cartões de crédito contrafeitos, falsificados e furtados;
- utilização de organizações de fachada para recolha/desvio de fundos de caridade;
- extorsão e chantagem;
- narcotráfico;
- assaltos e roubos a bancos;
- exploração da imigração clandestina;
- exploração de talhos e mini super-mercados;
- comércio de produtos de marca contrafeitos.[4]

Outra das características distintivas da actividade destas redes, a nível logístico, é a recorrência de crimes, como:

- furto e roubo de documentos de identificação pessoal;
- contrafacção e falsificação de documentos de identificação pessoal;
- contrabando de documentos;
- furto e tráfico de explosivos;
- utilização de elementos de confiança para vários serviços.[5]

---

[4] João Paulo Ventura, "Terrorismo: da caracterização do fenómeno à reactividade proactiva", in *Revista Polícia e Justiça*, III série, n.º 3, Janeiro-Junho de 2004, pp. 210-11

[5] *Id.*, pp. 211-12.

As células europeias da al-Qaeda operam independentemente, mas as relações entre elas têm-se tornado crescentemente evidentes. As várias redes estão ligadas pelos chamados "embaixadores itinerantes", homens que passaram pelos campos da al-Qaeda, têm experiência de participação em *jihads* e conhecem ou tiveram acesso a bin Laden. As funções destes nós de ligação são as de activar os agentes adormecidos e ajudar os operacionais em fuga, facilitando a sua deslocação para áreas seguras. São indivíduos que se movem em permanência e que, desde o 11 de Setembro, têm desenvolvido a sua impermeabilidade a operações de vigilância do intelligence europeu. Caracterizam-se ainda pelo domínio das tecnologias de comunicação modernas e pessoais, como a Internet, e-mail e os telemóvel.

A informação gerada pelas investigações sobre as redes extremistas islâmicas demonstra que a presença da al-Qaeda na Europa é mais profunda do que inicialmente se supunha e que a sua presença é tentacular, camuflando-se e alimentando-se no seio das amplas comunidades muçulmanas. O seu *modus operandi* tem vindo a flexibilizar-se, adaptando-se às circunstâncias mais difíceis de actuação e, paradoxalmente, requerendo meios modestos para a organização de actos terroristas. Como o demonstra a descoberta do complot de Londres em Agosto de 2006, a actividade terrorista é agora levada a cabo por muçulmanos nascidos e criados na Europa e por recém-convertidos. Estes aspectos tenderão a tornar mais difícil a tarefa de detecção e combate da al-Qaeda.

Numa perspectiva de prevenção e combate deste terrorismo islâmico, agora de cunho predominantemente autóctone, é fundamental prevenir a actividade dos pregadores radicais, que funcionam como elementos dinamizadores, elos de ligação e de recrutamento de potenciais terroristas. É também fundamental:

– fazer o acompanhamento das comunidades muçulmanas, de preferência em articulação com as suas autoridades e líderes, até porque é do interesse destes evitar situações que podem lesar a sua inserção e convivência com a comunidade envolvente;

- cultivar o relacionamento com os líderes muçulmanos modera-
  dos;
- conhecer o meio físico envolvente e os locais de risco;
- reforçar o acompanhamento das situações identificadas e de
  risco;
- detectar os locais onde se pratica um discurso muçulmano
  radical;
- prevenir e detectar as actividades de apoio ao terrorismo
  (crimes de apoio, suporte e financiamento);[109]
- monitorizar o meio das migrações e formas de criminalidade
  conexa;
- acompanhar e detectar situações dúbias relacionadas com os
  chamados "casamentos brancos".[110]

---

[109] JOÃO PAULO VENTURA, *op. cit.*, pp. 209-10.

[110] V. JOSÉ VAN DER KELLEN, "As redes de imigração ilegal e o fenómeno
do terrorismo", in *Política Internacional*, n.º 28, Julho de 2005.

RESPUESTA JURÍDICA INTERNACIONAL FRENTE AL TERRORISMO

JOSÉ GARCÍA SAN PEDRO

Doctor en Derecho
Profesor de la UNED

Introducción

En el presente trabajo se analizan las respuestas jurídicas y los instrumentos de investigación preventivos y reactivos que en el plano internacional, bien en el ámbito de las Naciones Unidas, o bien de la Unión europea, se han articulado contra el terrorismo, especialmente tras los atentados del 11 de septiembre de 2001, pero con referencia al desarrollo histórico que fundamenta la situación actual, así como con las explicaciones de las diversas posturas que, enfrentadas, a lo largo del tiempo han dificultado una respuesta más eficaz frente a este grave y específico fenómeno.

El sistema de naciones unidas

Aunque los esfuerzos de la comunidad internacional por dotarse de instrumentos jurídicos adecuados para la lucha contra el terrorismo se remontan a la primera mitad del siglo XX, tras los fallidos Convenios de Ginebra de 1937 dirigidos a la Prevención y Represión del Terrorismo y a la creación de una Corte Criminal Internacional, ambos gestados en el seno de la Sociedad de Naciones, no es hasta comienzos de la década de los setenta, bien en el marco de organizaciones internacionales de carácter sectorial (OACI y OMI), o bien en el de Naciones Unidas, cuando se comienza a disponer de un catálogo de instrumentos convencionales relativos a diversos aspectos del problema del terrorismo

Los primeros Convenios fueron los siguientes:

- Convenio sobre infracciones y ciertos otros actos cometidos a bordo de aeronaves, Tokio, 1.963.
- Convenio para la represión del apoderamiento ilícito de aeronaves, La Haya, 1970..
- Convenio para la represión de actos ilícitos contra la seguridad de la Aviación Civil, Montreal, 1971.

En 1972, tras el impacto producido en la comunidad internacional por los sucesos de la Olimpiada de Munich, el Secretario General de las Naciones Unidas, Kurt Valdheim, llevó el problema del concepto de terrorismo internacional a la ONU. El resultado fue la Resolución 3034, de 18-12-1972 que, a su vez, creó el Comité Especial sobre el Terrorismo, formado por 35 miembros. De este Comité no llegó a emanar un acuerdo sobre la cuestión pero en sus discusiones, que se desarrollaron desde 1972 a 1979, afloró el enfrentamiento entre dos concepciones irreconciliables: por una lado, la de los Estados occidentales y sus alineados, partidarios de una definición jurídica abstracta, aislando el terrorismo del contexto en que se produzca; de otro, la del bloque socialista y los denominados No-Alineados, que proponían afrontar el problema desde un planteamiento político, es decir, partir del análisis del vigente orden internacional, examinando los hechos desde la perspectiva de su capacidad para subvertir dicho orden, de tal manera que el tratamiento que los Estados dieran a los denominados actos de terrorismo internacional estaría en función de la posición que cada uno ocupase en el orden internacional existente y su conformidad o no con el mismo. El substrato de esta segunda opción lo constituía la consideración del terrorismo como una respuesta a la actuación de regímenes colonialistas, racistas y extranjeros contra los pueblos que luchan por su liberación. De esta forma, los Movimientos de Liberación no podían ser confundidos con los grupos terroristas sino que tendrían la consideración de movimientos revolucionarios de masas.

Durante este periodo, por una parte, se gestaron y aprobaron dos Convenios:

- Convención sobre la prevención y el castigo de delitos contra personas internacionalmente protegidas, inclusive los agentes diplomáticos, Nueva York, 1973.
- Convención internacional contra la toma de rehenes, Nueva York, 1979.

Paralelamente, la tensión dialéctica entre los dos bloques se traslada también al cuerpo legislativo regulador de los conflictos armados, conjunto de normas que se fue conformando históricamente como un cuadro de principios y reglas básicas que fueron operando consuetudinariamente como límite en el desenvolvimiento de las hostilidades, y que, desde la segunda mitad del siglo XIX se fue codificando en una doble vía: el denominado Derecho de la Haya, o derecho de la guerra *stictu sensu,*, regulador de la conducta de los beligerantes durante las hostilidades, y el denominado Derecho de Ginebra, referido a la protección de las víctimas de la guerra (heridos, enfermos, náufragos, prisioneros de guerra, población civil, etc.). Actualmente, se puede hablar de un Derecho de los conflictos armados (también Derecho internacional humanitario en sentido amplio) comprendiéndose en la expresión ambos bloques normativos. Este Derecho aparece inspirado, en toda su evolución, por una serie de consideraciones centradas en la necesidad de poner límites y condiciones al empleo de la violencia bélica. De ahí que desde los albores de esta disciplina haya estado presente, y sigue estándolo, una tensión entre la necesidad militar y las restricciones en la conducta de los beligerantes derivadas de consideraciones humanitarias.

Es por ello que todo el cuerpo convencional se apoya en una serie de principios, siendo básicos, entre ellos, y a los efectos que aquí nos ocupan, el principio de humanidad como soporte de todo el sistema, la negación del carácter ilimitado del derecho de las Partes a elegir los medios de hacer la guerra y el principio de distinción entre población civil y combatientes, apoyados por otros como la obligación incondicional de respetar y hacer respetar las disposiciones del Derecho de los conflictos armados, y la obligación de proveer a la ejecución interna de las mismas.

Pues bien, en 1977 se produjeron importantes modificaciones que, entre otras, afectaron tanto al ámbito material de aplicación de los Convenios como al estatuto del combatiente. En efecto, en el Protocolo Adicional I de 1977, se amplió el concepto de conflicto armado internacional a los supuestos en que "los pueblos luchan contra la dominación colonial y la ocupación extranjera y contra los regímenes racistas, en el ejercicio del derecho de los pueblos a la libre determinación", y en cuanto al estatuto del combatiente, junto a los combatientes regulares, esencialmente los miembros de las fuerzas armadas, entendidas como todas las fuerzas, grupos y unidades armados y organizados, colocados bajo un mando responsable de la conducta de sus subordinados y sometidas a un régimen de disciplina interna que haga cumplir, *inter alia*, las normas de Derecho internacional aplicables en los Conflictos armados, se incluyó a los que podríamos denominar combatientes irregulares, es decir, a los miembros de las guerrillas.

Aparentemente pues, y desde el punto de vista jurídico, las guerras de liberación nacional, y su forma generalizada de plantearse, la guerra de guerrillas, quedaban normalizadas y reguladas. La realidad fue que la confusión sobre el concepto de guerras de liberación nacional, la legitimidad pretendida por el bloque socialista y sus aliados para los que denominaban movimientos revolucionarios de masas diferenciada del simple uso de la violencia armada ilimitada desconectada de los mismos, y la utilización de la denominación de guerras de guerrillas de forma distinta a la clásicamente conocida bloqueaban cualquier acuerdo.

Para comprender el trasfondo del problema, es preciso remontarse un siglo atrás, con la búsqueda de estrategias armadas adecuadas para materializar las diversas ideologías revolucionarias que surgieron a la luz durante el siglo XIX, cuando se trató de encontrar fórmulas alternativas al conflicto bélico clásico por las que canalizar las aspiraciones revolucionarias al tiempo que se trataba de legitimar estas nuevas fórmulas. Básicamente se pusieron en marcha dos concepciones. Por una lado, la basada en la acción de grupos que por la propaganda de la violencia armada ilimitada conseguirían, o bien la excitación de un proceso insurreccional, o, al menos, la cesión de los gobiernos a favor de los objetivos político-sociales pretendidos. Sería el modelo de los anarquistas (en el primer caso) o los revolucionarios rusos de finales del siglo XIX (en el segundo). Frente a este modelo, identificado como terrorista por sus propios practicantes (por ejemplo Narodnaia Voila articuló un grupo denominado precisamente Fracción Terrorista), o de terrorismo individual, por los primeros teóricos marxistas, se fueron construyendo por estos últimos otros alternativos, primero el leninista y posteriormente el maoísta, con algunas variantes como el modelo foquista o guevarista. La idea esencial era articular un ejército (que denominaban revolucionario), capaz de enfrentarse a los ejércitos regulares, a través de sucesivas fases que, hasta ese momento final estarían a cargo de grupos guerrilleros a quienes correspondería como una de sus formas de acción la práctica del terror de masas, es decir, el terrorismo de anarquistas y populistas pero justificado ahora por su conexión con las masas. En consecuencia, lo que a partir de ese momento se denomina guerra de guerrillas en estos modelos supone la incorporación de un tipo de violencia a cargo de grupos armados al margen de los principios, y reglas que los desarrollan, del Derecho de los conflictos armados que por entonces también comienza a codificarse. En este planteamiento, el fin no es la destrucción del potencial militar enemigo sino la destrucción del orden social y político contra el que se actúa, y para ello, los fines tácticos de los ataques a cualquier elemento de esa organización social no son conseguir sucesivas ventajas militares, sino determinadas funciones, que desde la primera de propaganda enunciada por el anarquismo, poniendo de manifiesto la existencia de un problema, su solución y la necesidad de la lucha armada, y la tácita del cuestionamiento del monopolio político de la violencia como soporte del mismo Estado, se irían concretando posteriormente en otras como la de identificación entre la radicalización de la acción violenta y la de la represión, la movilización de la población aumentando la moral y voluntad de lucha de sectores cada vez más amplios, la neutralización de otros mediante el amedrentamiento, o la consecución del apoyo de otros que a cambio de una paz perdida presiona al poder para que ceda a las pretensiones del actor.

En definitiva, la denominación de guerra de guerrillas que se le da a este modelo supone una manipulación extensiva del concepto de guerra de guerrillas tradicional, basado en la consecución del clásico objetivo estratégico de destrucción del potencial militar enemigo operando tácticamente a nivel no convencional, pero con observancia del mismo tipo de principios y límites. Desde entonces, los sucesivos modelos de guerra revolucionaria marxista, utilizaron el término de guerra de guerrillas, bien incluyendo en su contenido, junto a su forma tradicional, la de la violencia armada ilimitada que empezó a conocerse como terrorismo, o bien únicamente a esta última.

La metodología de la llamada guerra revolucionaria, o simplemente lucha armada, bien en sus originales formulaciones o con adherencias posteriores, no sólo se mostró apta para los supuestos de lucha de clases sino que también fue encontrando progresivamente acomodo en nuevas propuestas ideológicas. Precisamente, cuando el movimiento descolonizador paso a manos de los denominados Movimientos de Liberación Nacional, estas organizaciones, en la mayoría de las ocasiones, no se sustrajeron al impacto de las nuevas ideologías y estrategias armadas, y menos aún a los efectos de la polarización fruto de la guerra fría, dando como resultado la confluencia de los objetivos de independencia nacional como antesala de un estado socialista. De esta forma, a una inicial guerra de liberación, con alguno, o una combinación de varios o todos los modelos de guerra revolucionaria, se añadiría posteriormente un proceso de guerra civil. El África subsahariana, por ejemplo, ha sido fiel reflejo de ello. Junto a ello, unas veces fundamentadas en un soporte ideológico más o menos desarrollado, a veces sólo con una genérica referencia a la lucha armada como recurso de sus motivaciones; otras, resultado de la imposibilidad de pasar a fases posteriores en los modelos seguidos, o con renuncia tácita a ellas, el anticapitalismo, el antiimperialismo, el anticolonialismo o las nuevas clases de explotados, desclasificados o marginados, encontraron el recurso para justificarse bajo el amparo de las guerras de liberación y el motivo para legitimarse como movimientos revolucionarios de masas. Un ejemplo significativo de estos modelos lo constituye la organización ETA.

ETA nació en 1959 y continúa su actividad en la actualidad. Tras un primer amago de teorización sobre su actividad armada, en un programa de ocho años, el primer intento de formulación estratégica de entidad se produce en su tercera asamblea (1964), donde se aprueba el documento "La insurrección en Euskadi", que no constituye más que una voluntarista reproducción de la teoría sobre guerra revolucionaria en tres fases, y que se mostró totalmente inoperante.

Las bases de la guerra revolucionaria serían pronto sustituidas por un nuevo planteamiento estratégico: el de la espiral acción-represión. La tesis principal reside en la idea de que la represión y la acción revo-lucionaria crecen juntas, de tal modo que, a partir de ciertas condiciones, las medidas de represión engendran mayores acciones revolucionarias, contestadas a su vez con mayores medidas de represión, que no alcanzan a la organización sino a la población, cada vez más comprometida con la acción revolucionaria, de tal manera que, en un determinado momento, se producirá el salto a la insurrección popular, precedido o no de un periodo de guerra de guerrillas; en definitiva, y apartando las hojas para ver el bosque, el modelo insurreccional leninista.

El tercer momento que conocemos de la estrategia de violencia etarra supone la supresión de la fase final de la insurrección, pues el proceso de lucha armada cesaría en el momento en que el Estado español aceptase la denominada alternativa KAS, o su sustituta la Alternativa Democrática de Euskal Herría.

En definitiva, desde el punto de vista de la violencia armada, ETA ha pasado de un modelo maoísta tercermundista a otro leninista. Organizativamente, habiendo recibido diversas influencias, las más decisivas han sido la vietnamita, de organización en frentes, y la foquista, que ha dado lugar a la generación de un frente de masas y otro político-institucional, de apoyo a la organización, de cierta envergadura, y cuyo proceso de ilegalización se ha producido recientemente.

Paralelamente, la crisis medioriental proporcionó un nuevo escenario que alimentó el ejercicio de esta metodología. En efecto, tras la derrota de los árabes en 1967 y el fracaso de los palestinos en implantar la violencia urbana en los campos de refugiados de Gaza en 1968-69, estos se dividen en varias facciones, dirigiendo su atención y atentados tanto contra intereses judíos como occidentales en general dónde quiera que se encontrasen; este modelo será además seguido por otros grupos armenios, taiwaneses, croatas, libaneses o fundamentalistas chiitas, por ejemplo, dando lugar a lo que conceptualmente se ha denominado proceso de internacionalización, o trasnacionalismo, caracterizado por el traslado de los objetivos a países o lugares distintos al de origen o referencia de sus reivindicaciones, completado a veces por una formulación temporal de objetivos comunes, como en el caso del denominado euroterrorismo, ciertos apoyos técnicos puntuales, o una especie de "mercenarismo", bien individual, como el de algunos miembros de la RAF que huyendo de Alemania trabajaron para determinados grupos palestinos, o bien colectivo, como el caso del Ejercito Rojo Unido japonés que realizó determinadas acciones también a favor de la causa palestina. Y, sin embargo, los intentos de legitimación persisten sustituyéndose los elaborados argumentos anteriores por formas más simplificadas. Así, en 1974, el líder palestino Arafat decía en la Asamblea General de las Naciones Unidas que "la diferencia entre un revolucionario y un terrorista está en la razón de su lucha. El que lo hace por una causa justa, el que lucha por la liberación de su país, el que lucha contra la invasión y el expolio, contra la colonización, no puede ser definido nunca como terrorista".

Durante este periodo, los Estados, sobre todo los más afectados por esta eclosión de grupos armados, reaccionaron con fórmulas dispares en sus ordenamientos jurídicos, básicamente construidas sobre un elemento estructural, la asociación terrorista, como una forma de asociación criminal agravada, (casos por ejemplo de Alemania, Portugal, Italia o España), completado a veces, o, únicamente en otras, con un elemento teleológico, expresado de distintas formas, por ejemplo, la finalidad de intimidación o atentado contra la integridad o independencia nacional (en Portugal), de terrorismo o subversión del orden democrático (en Italia), de intimidación, terror o de turbar gravemente el orden público (en Francia), de atemorizar a la población (Inglaterra), o de subversión del orden constitucional o de alterar gravemente el orden público (en España).

Sin embargo, no encontramos hasta 1988 nuevos instrumentos a nivel internacional que vinieran a sumarse al catálogo existente; estos fueron:

- Convención sobre la protección física de los materiales nucleares, Viena y Nueva York, 1988.
- Protocolo para la represión de actos ilícitos de violencia en los aeropuertos que presten servicio a la aviación civil internacional, Montreal, 1988.
- Convenio para la represión de actos ilícitos contra la seguridad de la navegación marítima, Roma, 1988.
- Protocolo para la represión de actos ilícitos contra la seguridad de las plataformas fijas emplazadas en la plataforma continental, Roma, 1988.
- Convenio sobre la marcación de explosivos plásticos para los fines de detección, Montreal, 1991.

Ahora bien, como ha podido observarse, ni en la denominación de estos instrumentos, ni en su contenido, se hace mención expresa alguna a su relación con el terrorismo, circunstancia que cambia a partir de la Resolución 49/60, de 17-2-1995, con la Declaración sobre medidas para eliminar el terrorismo internacional, una vez consolidado el fin de la guerra fría.

De esta Declaración se puede deducir:

- Primero. La concepción del terrorismo como un sistema, compuesto de un conjunto de actos, métodos o prácticas criminales con finalidad política.
- Segundo. La ilegitimidad de este sistema cualquiera que sea la motivación que lo sustenta, no sólo en su ejecución sino también en su planeamiento o concepción. Compartimos ambos planteamientos. En este sentido, hace tiempo que propusimos una definición de terrorismo como la violencia simbólica con finalidad política planificada por grupos organizados y armados
- Tercero. La consideración del terrorismo como un sistema destinado a provocar un estado de terror para la consecución de sus fines.

Sin embargo, desde nuestro punto de vista, la configuración jurídica del terrorismo debe excluir la presencia de este indefinido elemento.

- En primer lugar, porque la definición de terrorismo así presentada no lograría superar los intentos de incluir en su contenido los supuestos del denominado terrorismo de Estado, que a nuestro modo de ver deben ser solventados, y de hecho lo son, con otros instrumentos.
- En segundo lugar, la elusión que en muchos ordenamientos se ha hecho de la finalidad política perseguida a través del terrorismo, para evitar la consideración de delitos políticos de los actos criminales realizados, ha llevado a fundamentar la configuración del terrorismo fundamentalmente en este elemento.

La consecuencia puede observarse en el caso de España, por ejemplo, donde el Tribunal Constitucional considera terrorismo la actuación de bandas armadas que a través del terror puedan buscar otros fines distintos a los políticos, por ejemplo los de lucro.

Además, la utilización de este elemento también figura en el Derecho de los Conflictos Armados; así, el IV Convenio de Ginebra de 1949 prohíbe en todos los territorios ocupados toda medida de intimidación o terrorismo, y los Protocolos Adicionales I y II de 1977 prohíben los actos o amenazas cuya finalidad principal sea aterrorizar a la población civil. Su infracción daría lugar a los correspondientes crímenes de guerra, pero la terminología empleada introduce un innecesario elemento de confusión.

Con base ya en la Declaración mencionada, la Asamblea General de las Naciones Unidas, en la Resolución 51/210, de 16 de enero de 1977, además de complementar la Resolución 49/60, decide la creación de un Comité especial *ad hoc* para la continuación de la labor legislativa convencional. Fruto de sus trabajos fueron otros dos convenios:

– Convenio internacional para la represión de los atentados terroristas cometidos con bombas, Nueva York, 1998.
– Convenio internacional para la represión de la financiación del terrorismo, Nueva York, 2000.

Actualmente, los doce convenios, convenciones y protocolos conexos constituyen la batería de medidas legislativas internacionales contra el terrorismo.

Básicamente su estructura responde al siguiente esquema:

a) *Tipificación de los delitos en la legislación interna.*

Los instrumentos convencionales (salvo los de 1963 y 1988 sobre la marcación de explosivos plásticos) obligan a las Partes a tipificar en sus legislaciones internas las infracciones definidas en los mismos,, estableciendo sanciones proporcionadas a su gravedad. En definitiva, se trata de la tipificación de delitos relacionados con la aviación civil, delitos basados en la condición jurídica de la víctima, relacionados con los materiales peligrosos, con buques y plataformas ó delitos relacionados con la financiación del terrorismo.

b) Establecimiento de la jurisdicción de cada Estado sobre el delito.

El principio fundamental que utilizan los instrumentos es el conocido *aut dedere, aut judicare,* pero también se utilizan otros criterios como el de la jurisdicción basada en el registro de la aeronave o el buque, el de territorialidad, el de la nacionalidad o presencia del delincuente y el de protección de intereses preponderantes.

c) Obligaciones de investigación, comunicación y notificación.

Son obligaciones con respecto a las Partes interesadas sobre las investigaciones preliminares, las conclusiones y la intención de ejercer la jurisdicción.

d) Elemento de conocimiento e intención.

Son elementos del delito exigidos en algunos instrumentos a fin de evitar el peligro de prohibiciones penales excesivamente amplias.

e) Penalización de la participación.

Este requisito es exigido en los once instrumentos que establecen elementos de los tipos penales, a veces refiriéndose genéricamente a la participación en el delito, en otros casos se especifica la organización o dirección de los delitos y, en todo caso, exigiéndose la penalización de la complicidad.

f) Asistencia recíproca.

La exigencia de asistencia recíproca entre las Partes se concreta a veces con la obligación de entrega de pruebas disponibles,, incluyéndose en algunos casos la obligación de impedir la comisión de los delitos contra otras Partes, o incluso la de coordinación de medidas de prevención.

g) *Disposiciones sobre extradición.*

En cuanto a la extradición, y con la excepción del Convenio de 1991, desde 1970 todos los instrumentos hacen referencia a que los delitos que definen se consideren incluidos en los delitos extraditables que figuran en los Tratados existentes entre los Estados partes, los cuales se comprometen a incluirlos en los Tratados de extradición futuros.

h) *Excepciones.*

Con respecto a las excepciones, el Convenio de 1963 establece la de extradición para los delitos de naturaleza política. Posteriormente, hasta el Convenio de 1991, se omitió toda referencia al respecto, y no es hasta 1998 cuando, de forma expresa, se deniega la validez de cualquier justificación o defensa basada en el carácter político de los delitos definidos.

i) *Por último, en los instrumentos se recogen también los derechos del presunto delincuente, básicamente a comunicarse y a recibir un trato justo, y en los últimos convenios de una forma más genérica con referencia expresa al derecho internacional de los derechos humanos.*

Tras los atentados del 11S, la Resolución del Consejo de Seguridad 1373, de 28 de septiembre de 2001, estableció un amplio catálogo de medidas contra el apoyo al terrorismo, principalmente frente a la financiación, pero también contra el reclutamiento y contra el abastecimiento de armas y refugio, exhortando a los Estados a potenciar la cooperación recíproca en todos los ámbitos, así como a la adhesión a los instrumentos internacionales al respecto. Para verificar el cumplimiento de su contenido creó un Comité especial, el Comité contra el Terrorismo, compuesto por los quince miembros del Consejo de Seguridad, aunque la asistencia técnica para la aplicación legislativa de las convenciones, convenios y protocolos conexos se encomendó, desde el año 2002, a la ahora denominada Oficina de las Naciones Unidas contra la Droga y el Delito.

Paralelamente, el Comité *ad hoc* de la Sexta Comisión de la Asamblea General, creado por la Resolución 51/210, ha continuado sus trabajos que, por una parte, han dado lugar a un nuevo Convenio: El Convenio para la represión de los actos de terrorismo nuclear, Nueva York, 2.005, y, por otra, suponen la elaboración de un proyecto de convenio general sobre el terrorismo internacional. A este respecto, el documento de trabajo sobre este último convenio recoge un texto articulado compuesto de un preámbulo y veintisiete artículos que, básicamente, dan respuesta, con las consiguientes perfecciones técnicas, a las cuestiones que anteriormente se han descrito como constitutivas del esquema general de los doce instrumentos jurídicos al respecto.

Según su artículo segundo:

1. Comete delito en el sentido del presente Convenio quien ilícita e intencionadamente y por cualquier medio cause:

a) La muerte o lesiones corporales graves a otra persona o personas.

b) Daños graves a bienes públicos o privados incluidos lugares de uso público, instalaciones públicas o gubernamentales, redes de transporte público, instalaciones de infraestructura o el medio ambiente.

c) Daños a los bienes, lugares, instalaciones o redes a que se hace referencia en el apartado precedente, cuando produzcan o puedan producir un gran perjuicio económico, si el propósito de tal acto sea, por su naturaleza o contexto, intimidar a la población u obligar a un gobierno o una organización internacional a hacer o dejar de hacer algo.

2. También constituirá delito la amenaza creíble y seria de cometer cualquiera de los delitos enunciados en el párrafo 1 del presente artículo.

3. También será punible la tentativa de cometer cualquiera de los delitos enunciados en el párrafo 1 del presente artículo.

4. También comete delito quien:

a) Participe como cómplice en cualquiera de los delitos enunciados en los párrafos 1, 2 ó 3 del presente artículo.

b) Organice o dirija a otros a los efectos de la comisión de uno de los delitos indicados en los párrafos 1, 2 ó 3 del presente artículo.

c) Contribuya a la comisión de uno o más de los delitos enunciados en los párrafos 1, 2 ó 3 del presente artículo por un grupo de personas que actúe con un propósito común.

La contribución deberá ser intencional y hacerse:

i) Con el propósito de colaborar con los fines delictivos o la actividad delictiva general del grupo, si tales fines o tal actividad entrañan la comisión de cualquiera de los delitos enunciados en el párrafo 1 del presente artículo.

ii) Con conocimiento de la intención del grupo de cometer cualquiera de los delitos enunciados en el párrafo 1 del presente artículo.

Del resto del articulado, la controversia se plantea esencialmente con respecto a las cláusulas de reserva y exclusiones del proyecto, recogidas en el artículo 18, y, básicamente, por los que respecta a sus párrafos dos y tres.

Al respecto, existen actualmente dos propuestas: el texto elaborado por el Coordinador de las consultas bilaterales, y el presentado por los Estados miembros de la Organización de la Conferencia islámica.

Según el primero, la redacción de ambos párrafos sería:

"2. Las actividades de las fuerzas armadas durante un conflicto armado, según se entienden esos términos en el derecho internacional humanitario, y que se rijan por ese derecho, no estarán sujetas al presente Convenio.

3. Las actividades realizadas por las fuerzas militares de un Estado en el cumplimiento de sus funciones oficiales, en la medida en que se rijan por otras normas del derecho internacional, no estarán sujetas al presente Convenio".

Según el segundo texto, la redacción sería:

"2. Las actividades de las partes durante un conflicto armado, incluso en situaciones de ocupación extranjera, según se entienden esos términos en el derecho internacional humanitario y que se rijan por ese derecho, no estarán sujetas al presente Convenio.

3. Las actividades realizadas por las fuerzas militares de un Estado en el cumplimiento de sus funciones oficiales, en la medida en que se ajusten al derecho internacional, no estarán sujetas al presente Convenio"

Con respecto al párrafo segundo, en apoyo del texto del coordinador se señala que su redacción tiene como precedente el párrafo 2 del artículo 19 del Convenio Internacional para la represión de los atentados terroristas cometidos con bombas. También, que contrariamente a la expresión más amplia de "partes" que figura en la propuesta de la Organización de la Conferencia Islámica, el término "fuerzas armadas" es bien conocido y goza de aceptación general. En sentido contrario, en apoyo de la fórmula de la Organización de la Conferencia Islámica, se argumenta que puesto que el derecho humanitario internacional se aplica a las actividades de todas las partes en situaciones de ocupación extranjera, es lógico excluirlas del ámbito del proyecto de convenio, puesto que se aplicaría ese derecho.

En cuanto al párrafo tercero, se destaca que hay que entenderlo en el contexto del proyecto de artículo en su conjunto. De forma que el texto del Coordinador debe entenderse como la opción de una disposición legislativa, más que como una disposición que sanciona la impunidad de las fuerzas militares de un Estado. Otras normas del derecho internacional, como las relativas al uso de la fuerza y a la prohibición del genocidio o la tortura, siguen siendo aplicables. También se recuerda que este texto se basa igualmente en el párrafo 2 del artículo 19 del Convenio Internacional para la represión de los atentados terroristas cometidos con bombas. Además las palabras "de conformidad con el derecho internacional", que figuran en la propuesta de la Organización de la Conferencia Islámica, se consideran restrictivas, ya que convertirían cualquier violación del derecho internacional en un acto de terrorismo a los efectos del Convenio.

Las delegaciones que se pronuncian en favor de la propuesta de la Organización de la Conferencia Islámica destacan que las actividades de las fuerzas militares de un Estado deben llevarse a cabo de conformidad con la Carta de las Naciones Unidas y el derecho internacional. Se observa que no es infrecuente que la misma conducta se rija por disposiciones legales diferentes. Se afirma asimismo que las actividades de las fuerzas militares que no se rigen por el derecho humanitario internacional debían quedar incluidas en el proyecto de Convenio. Excluir esas actividades sería contrario a la Declaración sobre medidas para eliminar el terrorismo internacional de 1994.

Quizás ayude a comprender la posición política de fondo que sustenta la segunda de las posiciones traer a colación que la Convención de 1998 de la Organización de la Conferencia Islámica (OIC) sobre la lucha contra el terrorismo internacional, en su artículo primero, define el terrorismo como cualquier acto de violencia o amenaza, prescindiendo de sus motivaciones o intenciones, perpetrado con el objetivo a aterrorizar a la gente, o amenazarla con causarle daño o poner en peligro su vida, honor, libertad, seguridad o derechos; sin embargo, en el artículo segundo se establece que "la lucha de los pueblos, incluida la lucha armada contra el invasor extranjero, la agresión, el colonialismo y la hegemonía, que persigue la liberación y la autodeterminación de acuerdo con los principios del Derecho internacional, no se considerará un crimen terrorista", es decir, se recurre nuevamente a una argumentación similar a la producida en el seno de la ONU durante la década de los setenta; es más, la interpretación de este segundo artículo quedó más explícita cuando en la conferencia de Kuala Lumpur de marzo de 2002, los ministros de asuntos exteriores de la OIC rechazaron "cualquier intento de asociar el terrorismo con la lucha del pueblo palestino en el ejercicio de su derecho inalienable de establecer un estado independiente". El mismo obstáculo se presentó en la V Conferencia Euromediterránea celebrada en Valencia el 23 de abril de 2002 cuando los países árabes se opusieron a que un concepto de terrorismo pudiera de algún modo incluir las acciones de los palestinos.

Otras cuestiones de permanente controversia también aparecen en el proceso de elaboración de convenio general; entre ellas, en el informe del séptimo periodo de sesiones (31 de marzo a 2 de abril de 2003) del Comité Especial de la Resolución 51/210, se hace referencia al hecho de que varias delegaciones reiteraron sus opiniones en el sentido de que un convenio general debería contener una definición clara del terrorismo y establecer una distinción entre éste y la legítima lucha de los pueblos contra la ocupación extranjera, así como la opinión de que, para hacer progresos en su labor, el Comité Especial tenía que abordar todas las formas y manifestaciones del terrorismo, incluido el concepto de terrorismo de Estado. Con respecto a esta última cuestión, ya hemos expresado nuestra opinión al respecto, y por lo que se refiere a la primera, nuevamente supone el entronque entre el tratamiento jurídico del terrorismo y el derecho de los conflictos armados.

A este respecto, el informe preparado por el Comité Internacional de la Cruz Roja del año 2003 sobre el derecho internacional humanitario y los retos de los conflictos armados contemporáneos afronta este problema, recogiendo las dos posiciones existentes al respecto.

Según un punto de vista, el terrorismo debe ser tratado como un fenómeno criminal ordinario, frente al cual, los instrumentos de respuesta han de ser, entre otros, la inteligencia, la cooperación policial y judicial, las sanciones penales, las investigaciones financieras, la extradición, las presiones diplomáticas y económicas, el control de armas de destrucción masiva, etc.; en definitiva, medidas que no comporten el uso de la fuerza armada.

Según la otra posición, el paradigma de la represión del delito aplicable previamente a la lucha contra los actos de terrorismo, tanto internacional como internamente no es adecuado, puesto que el potencial y la magnitud, ya vistos y probados, de los ataques terroristas, les coloca en la categoría de actos de guerra. Pero, se añade, en el momento actual, la violencia transnacional no se ajusta a la definición de conflicto armado internacional, porque no se libra entre Estados, y tampoco encaja en la de conflicto armado interno, porque se desarrolla en múltiples zonas geográficas; en consecuencia, sería preciso adaptar el derecho de los conflictos armados a fin de que se convierta en la principal herramienta jurídica para tratar los actos de terrorismo internacional.

Entre ambas, la posición del CICR es que, desde un punto de vista jurídico, los actos de terrorismo transnacional y la respuesta a los mismos deben calificarse según el caso. El problema, según el CICR, supone la interacción de varios conjuntos de derechos: el derecho internacional humanitario, el derecho internacional de los derechos humanos, el derecho de los refugiados y el derecho penal internacional en situaciones de violencia, cuestiones que han de ser examinadas para determinar criterios jurídicos que den respuesta a interrogantes que se presentan actualmente como la posibilidad o no de considerar conflictos armados internacionales otras situaciones distintas a las previstas literalmente en el artículo dos común a los Convenios de Ginebra, o la interacción entre distintos sistemas legislativos en caso de conflicto armado no internacional.

Desde nuestro punto de vista, lo que parece evidente es que junto al desarrollo y perfeccionamiento de los instrumentos jurídicos internacionales específicos contra el terrorismo, es necesario también una evolución del derecho de los conflictos armados, o derecho internacional humanitario, puesto que sus disposiciones actuales son insuficientes para complementar adecuadamente la acción de prevención y respuesta de las fuerzas armadas de los Estados, por si mismas o en coalición, cuando la entidad de la amenaza o la agresión así lo requiera. Es esencial no olvidar la persistencia, paralela al proceso de codificación que conforma el actual Derecho de los conflictos armados, de un método, procedimiento, o modo de concebir y desarrollar las hostilidades, en definitiva, de un sistema bélico, al margen de este derecho, y, por tanto, ilegítimo en su totalidad. Lo que se denomina terror es el estado de alarma, inseguridad o miedo en que se encuentra el potencial sujeto pasivo individual o colectivo ante un método concebido para eludir todo tipo de responsabilidad, pretendiendo sus ejecutores la cualidad de combatiente desde la clandestinidad, y con rechazo desde su concepción de todas las reglas y principios del Derecho de los conflictos armados, principalmente el principio de distinción. En definitiva, los que desde el siglo XIX viene denominándose como terrorismo no es más que la persistente continuidad en planificar y desarrollar el conflicto bélico al margen del principio de distinción esencialmente, principio que, junto a otros, si bien desde el proceso de positivización también ha sido infringido frecuentemente en los conflictos armados clásicos, sin embargo ha permitido, junto con los demás principios y reglas que los desarrollan, elaborar un catálogo de crímenes de guerra al que quedan sujetos los infractores para ser sometidos incluso a Tribunales internacionales, posibilidad que no existe en la violencia armada en que consiste el terrorismo y que, por ahora, tampoco se contempla. Estimamos que los delitos de terrorismo deberían contemplarse como delitos contra la humanidad.

A este respecto, el Grupo de Alto Nivel creado a instancia del Secretario General de las Naciones Unidas, en su informe de 2.004

sobre el nivel de las amenazas, los desafíos y el cambio establece que "la búsqueda de un acuerdo sobre la definición de terrorismo se topa generalmente con dos obstáculos. El primero es el argumento de que cualquier definición de terrorismo debe incluir el caso de un estado que use fuerzas armadas contra civiles. Consideramos que el marco jurídico y normativo aplicable a las violaciones por parte de los Estados es mucho más sólido que el caso de los actores no estatales y no creemos que esa objeción sea convincente. La segunda objeción es que un pueblo bajo ocupación extranjera tiene derecho a resistirse y que una definición del terrorismo no debería derogar ese derecho. El derecho a resistirse es cuestionado por algunos. Pero el quid de la cuestión no es ese, sino el hecho de que la ocupación de ninguna manera justifica el asesinato de civiles. Ninguna de esas objeciones tiene mérito suficiente para refutar la necesidad de completar el estricto y claro marco normativo de las Naciones Unidas aplicable al uso de la fuerza por actores no estatales".

Según el mismo informe, "una definición de terrorismo debería incluir los elementos siguientes:

– El reconocimiento en el preámbulo de que el uso de la fuerza por parte de un Estado está sujeto a las disposiciones de los convenios de Ginebra y a otros instrumentos y que, en escala suficiente, constituye un crimen de guerra o de lesa humanidad.

– La reiteración de que los actos comprendidos en los 12 convenios y convenciones anteriores (actualmente 13) constituyen actos de terrorismo y una declaración de constituyen un delito con arreglo al derecho internacional, y la reitarión de que los convenios y Protocolos de Ginebra prohíben el terrorismo en tiempo de conflicto armado.

– La siguiente descripción del terrorismo: cualquier acto, además de los actos ya especificados en los convenios y convenciones vigentes sobre determinados aspectos del terrorismo, los Convenios de Ginebra y la Resolución 1566 (2.004) del consejo de Seguridad, destinado a causar la muerte o lesiones corporales graves a un civil o a un no combatiente, cuando el propósito de dicho acto, por su naturaleza o contexto, sea intimidar a una población u obligar a un gobierno o a u na organización internacional a realizar un acto o a abstenerse de hacerlo."

El sistema de la union europea

Aunque ya previamente se habían institucionalizado grupos de trabajo para coordinar la lucha contraterrorista, no es hasta el 27-1--1977 cuando los Estados miembros del Consejo de Europa aprobaron el primer documento jurídico contra el terrorismo: el Convenio Europeo para la represión del terrorismo. Esencialmente, su contenido se centra en establecer la jurisdicción, facilitar la extradición y excluir de la categoría de delitos políticos a los delitos ya tipificados en los convenios internacionales aprobados hasta entonces (los de 1970, 1971 y 1973), o en tramitación (el de 1979 contra la toma de rehenes), añadiéndose los delitos que supusiesen la utilización de armas de fuego o artefactos explosivos con peligro para las personas.

En cuanto a los instrumentos constitutivos de la Unión Europea, no es hasta 1997, con el Tratado de Amsterdan, cuando, al tiempo que se integran los acuerdos Schengen en el marco de la Unión, se modifica la cooperación en los ámbitos de Justicia e Interior, creándose un espacio de libertad, seguridad y justicia que, entre otros objetivos, incluye el terrorismo entre los delitos graves que afectan a ese espacio. Los desarrollos correspondientes de tal decisión fueron lentos hasta los denominados atentados 11S y 11M, y estuvieron prácticamente centrados a nivel institucional; así, la Acción común 98/428/JAI del Consejo, de 29 de junio de 1998, por la que se crea una red judicial europea, con competencias sobre los delitos de terrorismo, o la Decisión del Consejo de 3 de diciembre de 1998, encomendando a Europol la lucha contra delitos cometidos o que puedan cometerse en el marco de actividades terroristas que atenten contra la vida, la integridad física, la libertad o los bienes de las personas .

Sin embargo, los atentados han supuesto fechas decisivas para dar un notable impulso a la transformación en medidas jurídicas concretas de las decisiones políticas adoptadas en las correspondientes reuniones de los Consejos extraordinarios celebrados tras los mismos y plasmadas en los correspondientes Planes de Acción de septiembre de 2001 y Declaración sobre la lucha contra el terrorismo de marzo de 2004. Todo ello queda englobado en este último documento como Plan de acción revisado, articulándose las medidas en torno a siete objetivos estratégicos:

- Fortalecer el consenso internacional e intensificar los esfuerzos internacionales para luchar contra el terrorismo.
- Restringir el acceso de los terroristas a los recursos financieros y otros recursos económicos.
- Aumentar al máximo la capacidad de los órganos de la UE y de los Estados miembros para descubrir, investigar y procesar a los terroristas y prevenir atentados terroristas.
- Salvaguardar la seguridad del transporte internacional y garantizar sistemas eficaces de control de fronteras.
- Reforzar la capacidad de los Estados miembros para afrontar las consecuencias de un atentado terrorista.
- Reflexionar sobre los factores que propician el apoyo al terrorismo y la captación de terroristas.
- Enfocar actuaciones en el marco de las relaciones exteriores de la UE hacia terceros países prioritarios en los que es preciso mejorar la capacidad antiterrorista o el compromiso de lucha contra el terrorismo.

Inmediatamente después del 11S, y para la aplicación de la Resolución 1373 del Consejo de Seguridad, se aprobaron la Posición Común 2001/931/PSC, y el Reglamento CE 2580/2001, estableciéndose un doble procedimiento: por una parte, recurrir al sistema de listado de las personas, grupos y entidades a las que se aplicará el contenido de las medidas de la Resolución, sistema que obliga a una continua revisión, efectuado en las Posiciones Comunes 2003/906/PESC y 2004/309/PESC, y al mismo tiempo aclarar los criterios de base para tal selección, recogidos primero en la Posición común de 2001, y plasmados más tarde, de una forma más completa, en la Decisión marco del Consejo, de 13 de junio de 2002, sobre la lucha contra el terrorismo.

La Decisión marco establece tres categorías de delitos: los delitos propios de terrorismo, delitos relativos a un grupo terrorista y delitos ligados a las actividades terroristas. Siguiendo las líneas generales marcados en los trabajos de la ONU para la convención general, por delitos de terrorismo se entienden:

- atentados contra la vida de una persona que puedan tener resultado de muerte.
- atentados graves contra la integridad física de una persona.
- secuestro o toma de rehenes.
- destrucciones masivas en instalaciones gubernamentales o públicas, sistemas de transporte, infraestructuras, incluidos los sistemas informáticos, plataformas fijas emplazadas en la plataforma continental, lugares públicos o propiedades privadas, que puedan poner en peligro vidas humanas o producir un gran perjuicio económico.
- apoderamiento ilícito de aeronaves y de buques o de otros medios de transporte colectivo o de mercancías.
- fabricación, tenencia, adquisición, transporte, suministro o utilización de armas de fuego, explosivos, armas nucleares, biológicas y químicas e investigación y desarrollo de armas biológicas y químicas.
- liberación de sustancias peligrosas, o provocación de incendios, inundaciones o explosiones cuyo efecto sea poner en peligro vidas humanas.

– perturbación o interrupción del suministro de agua, electricidad u otro recurso natural fundamental cuyo efecto sea poner en peligro vidas humanas.

También se castiga la amenaza de ejercer cualesquiera de las conductas anteriores, y se establecen criterios para castigar la inducción, la complicidad y la tentativa.

Además se requiere que estos actos estén tipificados como delitos en los respectivos derechos internos, que por su naturaleza y contexto puedan lesionar gravemente a un país o a una organización internacional, y que sean cometidos con la finalidad de intimidar gravemente a una población, obligar indebidamente a los poderes públicos o a una organización internacional a realizar un acto o a abstenerse de hacerlo, o desestabilizar gravemente o destruir las estructuras fundamentales políticas, constitucionales, económicas o sociales de un país o de una organización internacional.

Por delitos relacionados con los grupos terroristas se entienden tanto la dirección como la participación en las actividades del grupo, incluido el suministro de información o medios materiales, o mediante cualquier forma de financiación de sus actividades, con conocimiento de que esa participación contribuirá a las actividades delictivas del grupo. A diferencia del texto preparatorio de la Convención general, la Decisión marco si define el grupo terrorista como toda organización estructurada de más de dos personas, establecida durante cierto período de tiempo, que actúa de manera concertada con el fin de cometer delitos de terrorismo. Por "organización estructurada" se entenderá una organización no formada fortuitamente para la comisión inmediata de un delito y en la que no necesariamente se ha asignado a sus miembros funciones formalmente definidas ni hay continuidad en la condición de miembro o una estructura desarrollada.

En cuanto al tercer bloque de delitos, los ligados a las actividades terroristas, se consideran como tales el hurto o robo con agravantes, el chantaje y la falsificación de documentos administrativos, todos ellos con la finalidad de llevar a cabo delitos terroristas.

Por lo que respecta a las penas, se establecen criterios tanto para la adecuación de las mismas como para reducciones en caso de arrepentimiento. Igualmente se describen los elementos necesarios para la responsabilidad de las personas jurídicas, así como requisitos para el establecimiento de la jurisdicción de los Estados, el ejercicio de las acciones penales, y medidas específicas de protección y asistencia a las víctimas.

Desde el punto de vista institucional, la cooperación contraterrorista en la Unión europea se ha visto reforzada con la **Decisión del Consejo, de 28 de febrero de 2002, por la que se crea Eurojust, órgano de la Unión con personalidad jurídica propia compuesto sobre la base de un representante de cada Estado. Su** objetivo es coordinar las actividades realizadas por las autoridades nacionales encargadas de las actuaciones judiciales contra las formas graves de delincuencia, entre ellas el terrorismo. En el mismo sentido, en el Consejo extraordinario de 2004 se creo el cargo de Coordinador de la lucha contra el terrorismo, con el objetivo de mantener una visión de conjunto de todos los instrumentos de que dispone la Unión, informar periódicamente al Consejo y realizar un seguimiento efectivo de las decisiones del Consejo.

En el plano operativo, también se han producido avances significativos, especialmente con la aprobación de dos Decisiones marco, ambas con fecha 13 de junio de 2002, una referida a la orden de detención europea y la otra a la creación de equipos conjuntos de investigación. Básicamente, la orden de detención europea se define como cualquier decisión judicial adoptada por un Estado miembro para la detención o la entrega por otro Estado miembro de una persona a efectos del ejercicio de actuaciones penales, la ejecución de una pena o la ejecución de una medida policial de privación de libertad, regulándose los requisitos para tales efectos. Por la segunda Decisión se autoriza a dos o más Estados miembros para la creación, de común acuerdo, de un equipo conjunto de investigación, con un fin determinado y por un período limitado que podrá ampliarse con el consentimiento de todas las partes, para llevar a cabo investigaciones penales en uno o más de los Estados miembros que hayan creado el equipo. Por su carácter complementario, es preciso tener en cuenta también la Decisión marco del Consejo, de 26 de junio de 2001, relativa al blanqueo de capitales, la identificación, seguimiento, embargo, incautación y decomiso de los instrumentos y productos del delito, y la Decisión marco del Consejo, de 22 de julio de 2003, relativa a la ejecución en la Unión Europea de las resoluciones de embargo preventivo de bienes y de aseguramiento de pruebas.

BIBLIOGRAFÍA DEL AUTOR SOBRE EL TERRORISMO

La reforma penal y procesal sobre los delitos de bandas armadas, terrorismo y rebelión, EDERSA (tomo XI), Madrid, 1990.

Sobre el concepto de terrorismo, en "Revista de Derecho penal y Criminología", n.º 2/ /1992. UNED, pp. 241 y ss.

Terrorismo: Aspectos criminológicos y legales, Servicio de Publicaciones de la Facultad de Derecho de la Universidad Complutense de Madrid y Centro de Estudios Judiciales del Ministerio de Justicia, Madrid, 1993.

Voz "Terrorismo" – *Diccionario Espasa Jurídico*, Espasa Calpe, Madrid, 2.001.

Los nuevos retos jurídicos tras el 11-S, en "Cuadernos de la Guardia Civil". Revista de Seguridad Pública", n.º XXVI/2002, 2.º época, pp.51-54.

Actas del Curso *Terrorismo Internacional en el siglo XXI*, X Curso Internacional de Defensa, Ministerio de Defensa, Secretaría General Técnica, Madrid, 2003.

Terrorismo, AA.VV, (Adriano Moreira, coord..), Almedina, Coimbra, 2004.

RESPOSTAS TÁCTICO-POLICIAIS AO FENÓMENO DA DROGA

HUGO B. GUINOTE,
Comissário da PSP
Docente no ISCPSI

Permitam-me antes de mais agradecer ao meu estimável amigo, Manuel Valente, pelo convite endereçado a estar presente como conferencista ao lado de tão ilustres personalidades das mais diversas áreas aqui abordadas, proporcionando a partilha de ideias com todos os presentes, fonte de aprendizagem que se espera mútua e frutificadora no âmbito da Segurança Interna, razão de existir desta casa, que muito me honra servir;

Agradeço também ao Senhor Director do Instituto Superior de Ciências Policiais e Segurança Interna, por continuar a imprimir tal dinâmica de permuta de conhecimentos variados nesta área, permitindo, ao mesmo tempo que divulga os esforços continuamente imprimidos por todos quantos se debruçam sobre tais questões, tendo em vista uma melhoria permanente da qualidade de vida da população, projectar interna e externamente um saber próprio das Ciências Policiais e da Segurança Interna, essencial a qualquer Estado moderno.

A presente resenha tem por base a apresentação elaborada para este Seminário Internacional. Assim teremos:

   I . Criminalidade Organizada e Criminalidade de Massa
      I.1. As Dinâmicas do Consumo de Drogas
      I.2. Criminalidade associada ao Consumo de Drogas
  II. Enquadramento legal para a actuação policial

III. Indicadores de Segurança – Sentimento de Insegurança
    III.1. Conceito
    III.2. Definições Propostas
    III.3. Dimensões
    III.4. Factores
    III.5. Reacções
IV. As respostas táctico-policiais
    III.1. A evolução do *Sistema de Polícia*
    III.2. O Modelo de Policiamento Comunitário
    III.3. Modelo Integral de Policiamento
V. Conclusão

I

Criminalidade Organizada e Criminalidade de Massa

Ainda que não seja o propósito desta explanação debruçar-se sobre os conceitos de *Criminalidade Organizada* e *Criminalidade de Massa*, não se poderia abdicar de uma mera referência às ideias base de ambos os tipos de criminalidade, de modo a tornar compreensivel o restante raciocínio aqui explanado.

Como acontece para a maioria das abordagens conceptuais de temas ainda em ebolição como é o caso deste, em vigor, não está reconhecido, um ou dois conceitos – que unanimemente caracterizem o que aqui abordamos.

Contudo, optemos para a *Criminalidade Organizada* as ideias de WINFRIED HASSEMER[1] enquanto para a *Criminalidade de Massa* utilizemos como referência o Relatório Anual de 2004 da PSP.

---

[1] Professor catedrático em Ciências Penais da Universidade de Frankfurt am Main e reconhecida autoridade teórica em matéria de Segurança Interna.

Para o distinto teórico alemão, a mera constactação de que existem bandos bem organizados ou actividades criminosas que indiciam profissionalismo no desempenho, decorrentes do hábito da sua prática e subsequente especialização, não lhe parecem critérios suficientemente claros para se poder conciderar tal criminalidade como *Organizada*. Propõe antes que tais factos são uma mera característica da criminalidade moderna com a qual diariamente convivemos, dando a entender que se extende pelos mais variados tipos de crimes, desde os que atentam contra a vida e/ou a integridade física, até ao mero património, e ainda neste, desde o individual ao estadual.

Para HASSEMER, Criminalidade Organizada apenas ocorre quando "o braço com o qual pretendemos combater toda e qualquer forma de criminalidade esteja paralizado, ou seja, quando os poderes legislativo, executivo ou judiciário se tornem corruptos ou venais"[2]. E de modo a tornar mais objectiva a sua ideia, o professor refere genericamente que se trata de um fenómeno que está em permanente mutação, acompanhando a evolução tecnológica e e oscilação do mercado de determinados bens, lícitos ou não, mas procurados.

Em complemento podemos ainda indiciar que operam muitas vezes como autênticas organizações transnacionais, recorrendo a inúmeros métodos de dissimulação da sua real actividade e até dos diferentes componentes operativos, ao mesmo tempo que despontam algum fascínio sobre os *media*. No que respeita às vítimas que provoca este tipo de criminalidade, podemos sem receio avançar que promove uma forte coacção sobre elas e que grande parte destas são as chamadas vítimas-indirectas, que não têm como se defender nos actuais aparelhos de exercício de direito proporcionados pelos Estados.

Se é esta a definição correcta ou não para *Criminalidade Organizada*, é nosso entender que poderá ser antes um passo para se chegar

---

[2] HASSEMER, WINFRIED, *A Segurança Pública no Estado de Direito*, Lisboa, Associação Académica – Faculdade de Direito de Lisboa, 1995.

ao conceito unanimemente aceite, mas não a proposta definitiva e consensual para a comunidade dos teóricos da segurança. Contudo e precisamente por esta mesma razão, não quisemos deixar de a tomar como proposta conceptual nesta matéria.

Quanto à Criminalidade de Massa, essa parece ser bem menos polémica de definir, até porque foram já avançadas, em documentos nacionais de carácter operacional, noções que não parecem deixar margem para extrapolações muito divergentes.

Assim, podemos encontrar no Relatório Anual de 2004 elaborado pela Direcção Nacional da PSP, na sua nota preambular que, a *"criminalidade de massa* (...) inclui todos os tipos de crimes que são cometidos frequentemente e em que as vítimas são facilmente identificáveis"*, indo ainda mais longe quando refere que "é cada vez mais consensual que, o que incomoda e condiciona o comum dos cidadãos não é o crime organizado transnacional, mas antes a pequena criminalidade ou *criminalidade de massa*, conforme é denominada pela Comissão Europeia[3]".

Dinâmicas do Consumo de Drogas

Atrevemos-nos então a complementar que este tipo de criminalidade abrange maioritariamente a chamada pequena criminalidade – furto, roubo, dano, agressão, injúria, etc, razão pela qual apresenta elevados índices criminais objectivos. Talvez por não ser suportada por qualquer estrutura organizacional com hierarquias definidas, sendo os seus actos desencadeados de forma desconexa, quer consoante o tipo de crime, quer a área geográfica afectada, torna-se menos mediática. No que respeita à vitimação provocada e ao contrário da *Criminalidade Organizada*, nesta a vítima é facilmente identificável,

---

[3] Comunicação da Comissão ao Conselho e ao Parlamento Europeu – Prevenção da Criminalidade da União Europeia de 16 de Abril de 2004.

sendo que o crime afecta muito mais o indivíduo, exponenciando maioritariamente o índice de insegurança subjectiva.

Torna-se então claro que, para as Forças de Segurança, nomeadamente para a Polícia de Segurança Pública, é primordial combater este crescendo do sentimento subjectivo de insegurança, exponenciado pela *Criminalidade de Massa* na qual pode inserir-se o *Fenómeno da Droga*. Este fenómeno tão funesto para a maioria das sociedades ocidentais, vem continuamente evoluindo numa dinâmica própria, podendo ser constactada uma diminuição do consumo de cocaína, mas em simultâneo um aumento do de heroína, a par do surgimento de novas formas de *Drogas Sintéticas*, mais fáceis de produzir e mais acessíveis monetariamente.

Ao mesmo tempo, com a descriminalização do consumo de algumas drogas, gerou-se a ideia de que tal prática é socialmente aceitável, debatendo a sociedade se deve ou não o Estado dispender ainda mais recursos no auxílio às pessoas dependentes de estupefacientes. Com a alteração do quadro penal para tais práticas, passou a associar-se de uma forma ainda mais clara e aberta o *Haxixe* e as *Drogas Sintéticas* a determinados eventos sociais, tornando-se banal a aquisição e consumo destas substâncias para encontros sociais.

O consumo deixou de ser escondido e individual, sendo a amplitude de tais actos agravada com a divulgação da ideia de que estas drogas não causam dependência, o que acabou por contribuir para o proporcionar de um início mais precoce dos consumos.

Criminalidade Associada ao Consumo de Drogas

De tudo isto deriva que tenham surgido, também na criminalidade associada, evoluções várias.

A montante do acto de consumir um produto estupefaciente, ocorre toda uma sequência de actividades criminosas que vão desde um investimento na criação de condições para que se garanta um fluxo permanente de produtos ilícitos, até à impunidade dos que nele operam, passando, claro, pela facilitação na obtenção de recursos monetários para a aquisição de estupefacientes. Daqui deriva uma clara exponenciação do fenómeno da delinquência juvenil, umas vezes real outras mediatisado, ao mesmo tempo que se observa uma tendência para o aumento da criminalidade grupal. Desde meados da década de 90 que tem ocorrido a inserção e cimentação de redes marginais estrangeiras a operar em Portugal, o que contribuiu para uma evolução dos métodos securitários dos autores das práticas criminais. Os criminosos utilizam hoje, com maior acuidade, as variantes estruturais da urbanidade (luminosidade, vias de circulação, altura dos imóveis, etc), para além de se suportarem num melhor conhecimento do quadro jurídico criminal, da prova e da recolha e de obtenção da prova, nomeadamente no respeitante à lei do consumo, às buscas domiciliárias, às intercepções telefónicas, à informação bancária, entre outros.

Em face de todas estas alterações da *Criminalidade de Massa* (que em muito decorre do *Fenómeno da Droga*), a PSP vem optando por apostar na implementação de modelos de policiamento mais de acordo com as exigências sociais, designadamente o Policiamento de Proximidade, bem como na definição dos níveis de intervenção das diferentes componentes policiais (Ordem-Pública, Prevenção da Criminalidade, Investigação Criminal, Informações Policiais).

Numa sociedade em que os laços que unem as pessoas estão cada vez mais enfraquecidos, a insegurança proporcionada pela sensação de anonimato, de podermos ser por tudo e todos esquecidos quando necessitarmos de socorro, impera. Torna-se claro que a população não procura mais nas Forças de Segurança o orgão repressor de outrora, mas antes um pilar de estabilidade e apoio na resolução dos seus problemas. O distanciamento tem, pois, que dar lugar à proximidade, que deixa de ser "somente" uma estratégia policial, mas antes uma verdadeira exigência da comunidade. E é neste sentido que o carácter civil da Polícia se constitui como um dos factores que potencia a aceitação por parte da população da instituição policial, enquanto garante da Paz social.

II

Enquadramento Legal para a Actuação Policial

Uma vez proporcionada uma breve abordagem aos conceitos aqui abordados em ambas as vertentes da criminalidade – *Organizada* e *de Massa* – sendo esta última impulsionada pelo *Fenómeno da Droga*, direcionemos agora o nosso pensamento para uma realidade muito mais objectiva, que se prende com o enquandramento legal que é feito por variada documentação, visando balizar a actuação policial no combate ao crime.

Sendo que a realidade que interessa estudar é sobretudo a nacional, a escolha na elaboração deste trabalho recaiu sobre a Constituição da República Portuguesa (CRP), nomeadamente o artigo 272.º, a Lei de Segurança Interna nos seus artigos 1.º e 3.º, a Lei N.º 5/99, 27 Janeiro – Organização e Funcionamento da PSP, o Decreto-Lei 81/95, 22 de Abril – Investigação Criminal e por último a Lei n.º 21/2000, 10 de Agosto – LOIC / Alterada pelo Decreto-Lei n.º 305/2002, 31 de Dezembro. Convida-se deste modo a quem queira partilhar deste raciocínio, uma viagem do geral para o particular, do político para o táctico passando pelo estratégico, para que a cada um seja facultada a resenha legal que orienta a operacionalização das intenções institucionais.

Comece-se então pelo art. 272.º *Polícia* da CRP, onde poderemos encontrar um primeiro esboçar, forçosamente genérico, das competências atribuídas às Forças de Segurança, para além das medidas previstas na lei e das limitações legais impostas. No seu número 1, são desde logo tipificadas as funções de *defesa da legalidade democrática* e de *garantir a segurança interna e os direitos dos cidadãos*, para no número 2 e 3 serem impostas as limitações à actuação das Polícias, balizadas pelas *medidas previstas na lei* e somente mediante o *estritamente necessário*, sendo no caso da *segurança do Estado* em observância às *regras gerais sobre polícia* e com *respeito pelos direitos, liberdades e garantias dos cidadãos*. O número 4 vem especificar ser em lei própria

130 | Hugo B. Guinote

que é fixado *o regime das Forças de Segurança* e termina definindo ser a organização de cada força de segurança, *única para todo o território nacional*. Detenhamo-nos um pouco mais nos números 1 e 4, pois parece justificar-se uma análise cuidada em função das referências feitas, quer à *segurança interna*, quer aos *direitos dos cidadãos,* para além de uma associação desde logo traçada às *Forças de Segurança*[4].

Assim, constacte-se que logo no seu primeiro número o legislador atribuiu às Polícias um papel relevante na área da segurança, tendo o cuidado de especificar caberem-lhe competências prioritariamente na segurança interna. Ainda no mesmo número é possível descortinar um associar, ainda que discreto, da segurança interna aos direitos dos cidadãos, como que enquadrando desde logo em que perspectiva a segurança devia ser interpretada pelas Forças de Segurança, sem contudo não deixar antes de referir ser uma das funções atribuídas, a defesa da legalidade democrática. É crível pois que a real vontade do legislador fosse, desde logo, encaminhar estas instituições para uma perspectiva que privilegiasse o indivíduo[5], em detrimento de uma outra puramente realista, sobretudo voltada para o Estado, talvez demarcando-a de um cunho militar e insinuando um caminho alternativo ou, como refere Loureiro dos Santos citando Freitas do Amaral "delimitar a missão primária e a vocação específica de cada instituição ..."[6].

Por fim importa referir que, ainda que o artigo tenha por título *Polícia*, a associação às Forças de Segurança não aguarda pela elaboração de lei específica, sendo feita desde logo no texto constitucional, no seu número 4, como que reconhecendo serem estas as instituições

---

[4] *In Lei Constitucional n.º 1/2001 – art. 272.º,* Diário da República – I SÈRIE – A, N.º 286 – 12 de Dezembro de 2001.

[5] Ou como refere ANA PAULA BRANDÃO em *Informações e Segurança – «Segurança: Um Conceito Contestado em Debate»*, Lisboa, Prefácio, 2004: "Segurança Humana".

[6] *Cfr.* SANTOS, LOUREIRO DOS, *Reflexões sobre Estratégia – Temas de Segurança e Defesa*, Lisboa, Publicações Europa-américa, 2000, pp. 81,82.

especialmente vocacionadas para o cumprimento das funções generi-camente designadas por *Polícia* e remetendo quem pretenda uma análise mais pormenorizada para lei específica.

Após esta sucinta abodagem à CRP, segue-se uma referência breve à Lei de Segurança Interna (LSI), da qual emanam as orienta-ções gerais às Forças de Segurança.

Numa consulta aos artigos iniciais da LSI podem ser encontra-dos, para além do conceito definidor, os fins e os princípios funda-mentais reguladores de tal actividade. Sendo certo que, para matéria de maior especificidade a referida lei remete para as diferentes leis orgânicas, ainda assim a sua análise não pode deixar de ser feita. Resumidamente, a segurança interna é então caracterizada, no art. 1.º, como sendo a actividade desenvolvida pelo Estado para garantir a ordem, a segurança e a tranquilidade públicas, tendo também a seu cargo a protecção de pessoas e bens, a prevenção da criminalidade, tudo isto para além de contribuir para o garante do normal funcio-namento das instituições democráticas, o exercício regular dos direi-tos e liberdades fundamentais dos cidadãos, bem como do respeito pela legalidade democrática[7].

Ainda o mesmo número esclarece que a segurança interna é exercida nos termos da lei penal e processual penal, para além das leis orgânicas das polícias e serviços de segurança, e visa especial-mente proteger a vida e a integridade das pessoas, a paz pública e a ordem democrática contra a criminalidade violenta ou altamente organizada, designadamente sabotagem, espionagem ou terrorismo. Os princípios fundamentais que orientam a actividade de segurança interna são assimilados do art.º 272.º da CRP sem nada acrescenta-rem, reafirmando deste modo a intenção de direccionar tal actividade para uma esfera de actuação cujos fins são simultaneamente os próprios limites, ou seja, o respeito pelos direitos, liberdades e

---

[7] *Cfr. Lei n.º 20/1987 – art. 1.º e art. 2.º*, Diário da República – I SÉRIE, N.º 134 – 12 de Junho de 1987, alterado pela *Lei n.º 8/91*, de 01 de Abril de 1991.

garantias, e demais princípios do Estado de Direito democrático. São precisamente estes princípios que formarão, conjuntamente com as orientações e medidas decretadas à prossecução dos fins definidos no art.º 1.º, a política de segurança interna.

No artigo 6.º estão dispostas as orientações para a coordenação e cooperação que deve existir entre as forças de segurança, referindo desde logo o seu número 1.º que estas exercem a sua actividade de acordo com os objectivos e finalidades da política de segurança interna[8] e dentro dos limites do respectivo enquadramento orgânico, o qual respeitará o disposto na lei em análise. Mas ainda assim, devem as forças e serviços de segurança cooperar entre si, designadamente através da comunicação recíproca de dados, desde que não estejam sujeitos a regime especial de reserva ou protecção e que, não interessando apenas à prossecução dos objectivos específicos de cada força ou serviço, sejam necessários à realização das finalidades de cada um dos outros. Esta ideia viria a ser mais tarde complementada com a promulgação da Lei n.º 21/2000, 10 de Agosto – LOIC / alterada pelo DL n.º 305/2002, 31 de Dezembro, que redistribui competências de investigação criminal e estabeleceu o *Sistema de Investigação Criminal* através do *Conselho Coordenador* e dos vários *Sistemas de Coordenação Operacionais* entre forças e serviços de segurança, assim como informações provenientes dos serviços militares.

Conforme decorre do artigo 8.º compete especificamente ao Governo a condução da política de segurança interna, cabendo ao Conselho de Ministros, entre outras competências:

- Definir as linhas gerais da política governamental de segurança interna, bem como a sua execução;
- Programar e assegurar os meios destinados à execução da política de segurança interna;

---

[8] Que conforme foi já referido, consiste no conjunto de princípios, orientações e medidas tendentes à prossecução permanente dos fins definidos para a segurança interna e constantes no número 1.º.

– Aprovar o plano de coordenação e cooperação das forças e serviços legalmente incumbidos da segurança interna e garantir o regular funcionamento dos respectivos sistemas.

Quanto ao Primeiro-Ministro é ele quem detém a responsabilidade política directa pela direcção da política de segurança interna, competindo-lhe, designadamente:

– Coordenar e orientar a acção dos membros do Governo nos assuntos relacionados com a segurança interna;
– Convocar o Conselho Superior de Segurança Interna e presidir às respectivas reuniões;
– Propor ao Conselho de Ministros o plano de coordenação e cooperação das forças e serviços de segurança;
– Dirigir a actividade interministerial tendente à adopção, em caso de grave ameaça da segurança interna, das providências julgadas adequadas, incluindo, se necessário, o emprego operacional combinado de pessoal, equipamento, instalações e outros meios atribuídos a cada uma das forças e serviços de segurança;
– Informar o Presidente da República acerca dos assuntos respeitantes à condução da política de segurança interna.

Contudo, o Primeiro-Ministro pode delegar, no todo ou em parte, competências no Ministro da Administração Interna, cabendo a este último acordar, com os restantes ministros, eventuais medidas de carácter operacional destinadas à coordenação e à cooperação das forças e serviços de segurança, dependentes de outros ministérios, sendo que no caso das regiões autónomas tal procedimento obedece a contornos ligeiramente diferentes.

Para assistir o Primeiro-Ministro no exercício das suas competências em matéria de segurança interna, nomeadamente na adopção das providências necessárias em situações de grave ameaça da segurança interna, foi criado o Conselho Superior de Segurança Interna, que consiste num órgão interministerial de auscultação e consulta em matéria de segurança interna. Cabe ao Conselho emitir parecer sobre:

- A definição das linhas gerais da política de segurança interna;
- As bases gerais da organização, funcionamento e disciplina das forças e serviços de segurança e da delimitação das respectivas missões e competências;
- Os projectos de diplomas que contenham providências de carácter geral respeitantes às atribuições e competências das forças e serviços de segurança;
- As grandes linhas de orientação a que deve obedecer a formação, especialização, actualização e aperfeiçoamento do pessoal das forças e serviços de segurança.

Para além do Conselho Superior de Segurança Interna foi também criado, enquanto órgão especializado de assessoria e consulta para a coordenação técnica e operacional da actividade das forças e serviços de segurança, o Gabinete Coordenador de Segurança, que funciona na directa dependência do Primeiro-Ministro ou, por sua delegação, do Ministro da Administração Interna.

Para culminar esta breve análise da LSI refira-se o constante no art. 14.º, que clarifica serem as forças e serviços de segurança organismos públicos exclusivamente afectos ao serviço do povo português, com a característica de obedecerem a rigoroso apartidarismo, e naturalmente concorrerem para o garantir da segurança interna, tendo como instituições:

- A Guarda Nacional Republicana;
- A Guarda Fiscal;
- A Polícia de Segurança Pública;
- A Polícia Judiciária;
- O Serviço de Estrangeiros e Fronteiras;
- Os órgãos dos sistemas de autoridade marítima e aeronáutica;
- O Serviço de Informações de Segurança.

O presente enquadramento não estaria completo sem serem abordados dois outros documentos legais, mas estes de um modo ainda mais simples que os anteriores:

- a Lei N.º 5/99, 27 Janeiro – Organização e Funcionamento da PSP, para referir somente que, entre muitas outras, são competência da PSP garantir a manutenção da ordem, segurança e tranquilidade públicas; prevenir a criminalidade e a prática dos demais actos contrários à lei e aos regulamentos; prevenir a criminalidade organizada e o terrorismo, em coordenação com as demais forças e serviços de segurança; (...) garantir a segurança das pessoas e dos seus bens; (...) colher notícias dos crimes, descobrir os seus agentes, impedir as consequências dos crimes e praticar os demais actos conexos; e contribuir para a formação e informação em matéria de segurança dos cidadãos. (...);
- o Decreto-Lei 81/95, 22 de Abril – Investigação Criminal, tão somente para lembrar que consagrou à PSP e à GNR a responsabilidade de vigilância nas respectivas áreas de actuação com vista à detecção de situações de tráfico e consumo de estupefacientes.

Deste modo procurou-se reunir aqui o enquadramento legal orientador da actuação policial no nosso país, sendo certo que, para uma abordagem específica sobre este tema, muito mais profunda tem que ser a análise destes e de outros documentos legais.

III

Indicadores de Insegurança – Sentimento de Insegurança

A segurança interna cabe ao Estado garanti-la, através da aplicação de recursos (materiais, humanos e legais) para a qual é devidamente mandatado pela população. E para a prossecução de tal fim dispõe de forças e serviços com missões genéricas e específicas em determinadas áreas mais complexas, para que os comportamentos socialmente mais censuráveis não possam passar impunes.

As forças de segurança promovem a implementação de medidas tendo em atenção dois indicadores preferenciais: os índices criminais apurados e o sentimento de insegurança aferido. E se o primeiro é facilmente subtraído das denúncias realizadas oficial ou oficiosamente, tendo somente que ser periodicamente efectuada a actualização do registo de números trazidos a cada Esquadra ou Posto, já no que respeita ao segundo indicador, a tarefa demonstra-se mais dificultada. E tal dificuldade resulta sobretudo devido ao facto de que a insegurança sentida não decorre somente da vitimação que o próprio sujeito sofre, mas pelo contrário, as suas fontes são tão complexas quanto abrangentes, tão racionais quanto irracionais, tão individuais quanto sociais, tão importantes quanto o próprio indivíduo lhes queira atribuir importância.

A tudo isto se junta a clara constatação de que a insegurança interna parece ter-se tornado uma carta forte no jogo da confrontação política, em que a opinião pública é muitas vezes manipulada por associações de cariz partidário, quando não por outras que obedecem a interesses maioritariamente comerciais. Mais do que os factos que são retractados nos índices criminais diários recolhidos pelas forças de segurança, a insegurança lida com uma outra realidade: a dos sentimentos da pessoa.

Na actualidade, é já concensual que, enquanto o acto criminal afecta directamente o indivíduo enquanto vítima, o medo e a insegurança expandem-se pelo colectivo, sendo que a assimilação constante de medos pode degenerar em ansiedade comunitária. Devido ao carácter generalista deste tipo de assimilação que se traduz numa parca definição das reais causas que para ela contribuem, resulta uma enorme dificuldade de se conseguir auxiliar o indivíduo a libertar os seus sentimentos de frustração, agressão e violência, como forma de escape à sua própria ansiedade.

Temos pois que o indivíduo percepciona um conjunto de situações com as quais se identifica e que lhe causam medo e receio permanente, e das quais não se consegue libertar, pois não lhe é possível identificar as fontes primárias e sobre elas exercer poderes de restrição às suas actividades, que lhe garantam diminuir o seu sentimento de vulnerabilidade – o seu sentimento de insegurança.

Ele permanece na incerteza das reais motivações que levam os agentes provocadores do medo a assumirem tais condutas e, sem confrontar tais razões e aferir do seu risco real, não se consegue excluir do grupo de potenciais vítimas. Nestas condições, o indivíduo permanece num estado de ansiedade do qual não conseguirá deixar de ser prisioneiro.

Conceito

No final da década de cinquenta, sobretudo nos países industrializados, registou-se um crescimento económico proporcionado pelo *terminus* do segundo conflito militar à escala mundial e por um aumento do consumo. Tal crescimento gerou um aumento acelerado da população junto às cidades, cujas autoridades não conseguiram acompanhar o crescimento nas suas zonas limítrofes, por forma a proporcionar aos recém chegados as infra-estruturas básicas para a manutenção de um nível de vida condigno. Estas migrações proporcionaram a chegada de outras culturas (minoritárias) e as limitações referidas provocaram a degeneração da qualidade de vida e dos valores adjacentes, provocados por um aumento da desigualdade social, o enfraquecimento da estrutura familiar, da pobreza, da exclusão e do crime.

O sentimento de insegurança começa então a despoletar no seio das cidades de maiores dimensões, tendo como origem um espectro de ansiedade originário de um processo de mudança muito rápido e complexo, consequência do abandono dos valores tradicionais e do aumento da criminalidade. Depois de meio século escutando os relatos vocais distantes que a rádio disponibilizava dos acontecimentos passados em outras regiões, a televisão exponencia o sentimento com as imagens e aproxima tais realidades do espectador. As imagens das alterações sociais invocam o perigo e o perigo alimenta a inquietação, que gera o sentimento de insegurança[9].

Definições Propostas

Várias são as definições apresentadas para *Sentimento de Insegurança*, difíceis de sintetizar devido ao permanente evoluir da realidade que visa retractar. Roché define-o como sendo um processo em que a ordem social é submetida a uma grelha que proporciona uma leitura da sociedade geral, na qual estão expressas um conjunto de emoções (que vão desde o medo e a raiva até à inveja) cristalizadas sobre o crime e os seus autores[10]. Ferraro actualizaria o conceito enquadrando-o como "uma reacção emocional de pavor ou ansiedade pelo cometimento de um crime ou por símbolos que a pessoa associa ao crime. (...) Para produzir uma reacção de medo em humanos, é necessário reconhecer uma situação como possuindo no mínimo um perigo potencial, real ou imaginário"[11]. Ambas as definições terão tido por base o conceito de Garofalo que diz ser "uma reacção emocional caracterizada pelo sentimento de perigo e ansiedade produzido pela ameaça de um dano físico (...) alimentada por certas fragilidades percepcionadas no ambiente, que se relacionam de alguma forma com o crime"[12]. Leitão acrescentaria uma comparação

---

[9] Cfr. ROCHÉ, 1994, pp. 14, *cit in* Costa, Paulo Sérgio Magalhães da, *A Resposta Policial ao Sentimento de Insegurança dos Idosos*, Lisboa, ISCPSI, 2002, pp. 5.

[10] Cfr. ROCHÉ, 1993, pp. 19, *cit in* Costa, Paulo Sérgio Magalhães da, *op. Cit.*, 2002, pp. 5.

[11] *In.* FERRARO, 1995, pp. 13, *cit in* Costa, Paulo Sérgio Magalhães da, *op. Cit.*, 2002, pp. 5.

[12] *In.* GAROFALO, 1981, pp. 839, *cit in* Costa, Paulo Sérgio Magalhães da, *op. Cit.*, 2002, pp. 5.

com a expressão anglo-saxónica *fear of crime*, referindo-se ao sentimento de segurança como um modo consistente de passar uma determinada ideia, permitindo uma maior abrangência de fenómenos, acentuando a interpretação de que a construção de percepções de segurança se faz não somente através dos riscos criminais factuais e objectivos, mas também no modo como o ambiente é percepcionado, sobretudo nas suas múltiplas variantes, ainda que possam não estar directamente relacionadas com o fenómeno criminal[13], como a degradação infra-estrutural, a escuridão urbanística, a falta de conforto arquitectónico, entre outras.

Dimensões

Independentemente de qual a definição que possa ser considerada como a mais correcta, todas referem estar o sentimento de insegurança associado a uma percepção de carácter subjectivo e de índole psicológica, que implica associações de factos externos à rotina individual do sujeito inseguro. A dimensão que tal sujeito pode atribuir ao que sente, é distinguida em dois níveis diferentes: o *medo pessoal* e a *preocupação com a ordem social*, um de natureza personalizada, afectando directamente o indivíduo no seu procedimento quotidiano, o outro mais diluído na sociedade, apenas com uma influência reflexo de que é um problema que pode afectar a todos e não especificamente a si. O medo pessoal do crime centra a sua dimensão no próprio sujeito, enquanto a preocupação com a ordem social avalia a generalidade dos perigos existentes.

A avaliação do sentimento de segurança que afecta determinado cidadão, deverá partir de um rasteio inicial do medo pessoal que afecta tal indivíduo. Neste contexto pode o medo ser especificamente encarado como um sentimento de angústia que afecta o indivíduo,

---

[13] Cfr. LEITÃO, 2000, pp. 5, *cit in* Costa, Paulo Sérgio Magalhães da, *op. Cit.*, 2002, pp. 5.

cuja origem lhe é externa, mas que se manifesta em comportamentos pragmáticos de protecção, assentes em práticas cautelares relativamente ao receio de ser vítima. O medo pessoal pode por sua vez ser concreto ou difuso. O primeiro é aquele que é sentido pela generalidade das pessoas, na medida em que qualquer um sabe poder vir a ser vítima de determinados crimes que afectarão a sua integridade individual, e que num determinado momento tem a noção de que estará particularmente exposto, considerando nesta dimensão sobretudo os de cariz mais violento. O medo difuso surge em condições específicas[14], quando o sujeito sente que o perigo não é mais do que uma ameaça genérica e longínqua[15].

A preocupação pela ordem social assenta num sentimento generalizado e globalizante que o indivíduo formula face à sua percepção da violência na sociedade, sem centralizar tais sentimentos em si mesmo. Consiste sobretudo num sentimento global de inquietação movido pela procura da estabilização da sua insegurança, buscando na ordem social a solução para tal descompensação. O sujeito formula então um apelo ao Estado para que este seja mais firme no combate às causas do fenómeno que o desestabiliza, ao mesmo tempo que estigmatiza determinados actores que considera serem os perturbadores da ordem, conseguindo assim projectar para o exterior (neste caso uma ou um grupo de pessoas) os seus receios. São deste modo criadas expectativas em relação às autoridades que, por norma, são aproveitadas por determinados grupos para promoverem mobilizações em redor dos seus objectivos[16].

---

[14] Como sejam o sair à noite a lugar associado à delinquência ou ficar em casa sozinho, entre outros).

[15] Cfr. ESTEVES, 1999, pp. 39, *cit in* Costa, Paulo Sérgio Magalhães da, *op. Cit.*, 2002, pp. 6.

[16] Um determinado grupo político pode aproveitar-se de uma preocupação de ordem social para mobilizar as pessoas em torno de um projecto que pretende implementar e para o qual não teve ainda apoio popular.

Factores

Já superficialmente referenciados, é consensual que existem diversos factores que contribuem para que o sentimento de insegurança possa ser aumentado ou diminuído, para além dos índices criminais. Como referem Nelson Lourenço e Manuel Lisboa "sem pretender minimizar a importância do aumento do número de crimes, é preciso buscar noutros factores – em combinação com o crime – a origem deste recrudescimento do sentimento de insegurança."[17]. Saliente-se pois que certas características relativas ao indivíduo influenciam directamente o seu sentimento de insegurança, tendo sido efectuados estudos que, invariavelmente, conferem alguma importância à componente genética do sujeito, dadas as diferenças nos níveis de insegurança. Variáveis como a idade, o sexo, o grau de instrução, a actividade profissional ou mesmo o nível de rendimentos, podem pois ser determinantes. Quanto a factores externos condicionantes do sentimento de insegurança, mas alheios às características do indivíduo, existe uma variedade considerável a poder ser objecto de estudo, para além de, enquanto alguns autores defendem a influência única e decisiva de um determinado factor, outros, pelo contrário, referem ser o resultado final uma conjugação de alguns deles.

À semelhança do medo, que pode ser pessoal ou de ordem social, também o sentimento de insegurança pode ser individual ou social, sendo que o primeiro engloba características intrínsecas (como a idade, sexo, o grau de instrução, a actividade profissional, a socialização) e extrínsecas, (como as respeitantes ao local de residência ou as incivilidades), enquanto o segundo caracteriza sobretudo a inte-

---

[17] Cit. Lourenço e Lisboa, 1995, pp.55, In Diogo, Sandra, *op. Cit.*, 1999, pp. 5.

racção social com o crime, as fontes indirectas, experiências de vitimações, isolamento e a actuação policial.

Reacções

O sentimento de insegurança não é, conforme tem sido visto, algo de fácil definição. Pelo contrário é algo que, apesar de poder parecer invisível, implica alterações significativas no que respeita aos hábitos de vida das pessoas. O conjunto de emoções manifesta-se sobretudo ao nível das reacções do indivíduo, reacções essas que se revelam bastante distintas e que se verificam tanto num plano individual como colectivo. Os efeitos do sentimento de insegurança podem ser particularmente evidentes nas respostas individuais do indivíduo, que ocorrem no seu dia-a-dia, a ponto de se tornarem parte integrante do seu quotidiano.

As reacções ao sentimento de insegurança podem apresentar duas dimensões: as emocionais e aquelas cuja manifestação se verifica ao nível de alterações, acções e medidas tomadas em função da própria individualidade.

Quanto às reacções emocionais que o indivíduo desencadeia em resposta ao sentimento de insegurança que sente, são sobretudo a ansiedade e o medo. Uma pessoa insegura, receosa, desenvolve a sua actividade diária envolta por uma ansiedade permanente, como se estivesse em estado de alerta sem descanso, consciente de que não se pode abster de certas precauções[18], sob pena de ver a sua segurança pessoal comprometida. Jean Vaujour[19] aponta quatro reacções emocionais que considera serem as mais relevantes neste contexto: o

---

[18] Essas preocupações podem ser o trancar o carro, o ligar um alarme ou o circular à noite com as portas do veículo trancadas

[19] Cit. Vaujour, 1980, pp. 15, In Diogo, Sandra, *op. Cit.*, 1999, pp. 17.

medo[20]; a *emoção*[21], a *revolta*[22] e a *angústia*[23]. Rico e Salas[24], por sua vez dividem as reacções emocionais em individuais e a nível colectivo. A nível individual o sentimento de receio pode desencadear reacções como: sentimento de desamparo, desconfiança, tensão, angústia e isolamento; enquanto que no nível colectivo pode levar a situações de pânico, intolerância, agressão e hostilidade. Estes autores caracterizam ainda a apatia como uma reacção extrema do sentimento de insegurança, quando referem "em situações extremas o sentimento de insegurança pode provocar em certas pessoas atitudes de apatia e inércia, as quais acentuarão a vulnerabilidade e desconcerto das mesmas."[25].

As reacções podem por vezes assumir a adopção de comportamentos cautelares, sendo que cada indivíduo toma as precauções que se lhe afiguram como as mais eficazes. Tais comportamentos não são mais que mecanismos de defesa próprios, buscando assim a compensação pela vulnerabilidade que sentem, procurando diminuir a probabilidade de serem vítimas. Um dos comportamentos cautelares mais frequentes consiste em evitar intencionalmente certas situações, como sejam a passagem em determinadas ruas ou em alguns percursos que considera perigosos, o contacto com pessoas que não lhe pareçam ser convenientes, a frequência habitual de certos locais, a circulação em automóveis sem as portas trancadas, a ostentação de

---

[20] Quer no que respeita às pessoas nomeadamente as que nos estão mais próximas, quer a lugares já que numa situação extrema o indivíduo só se sentirá totalmente seguro no interior de sua casa.

[21] Quando por exemplo, tomamos conhecimento de uma notícia na televisão onde é a violência que impera e de forma não intencional interiorizamos tal situação como possível de acontecer a alguém que nos é próximo.

[22] Provocada por certos comportamentos, nomeadamente os criminosos, cujas causas (o desemprego, a toxicodependência, etc.) se encontram profundamente enraizadas no seio da sociedade.

[23] Perante a percepção da sociedade onde nos inserimos como perigosa e hostil.

[24] Cit. Rico e Salas, 1988, pp. 42, In Diogo, Sandra, *op. Cit.*, 1999, pp. 17.

[25] Cit. Rico e Salas, 1988, pp. 37, In Diogo, Sandra, *op. Cit.*, 1999, pp. 17.

objectos de valor ou a utilização de transportes públicos a horas mais tardias[26]. Outro tipo de medidas de protecção frequentemente adoptadas são a instalação de fechaduras reforçadas, a colocação de grades nas janelas, a aquisição de alarmes para a habitação e para veículos, ou a adopção de cães com o intuito de guardar as habitações.

Além das reacções referidas, o sentimento de insegurança pode gerar a união dos indivíduos que sofrem um constrangimento semelhante. Assim, tornou-se comum que pequenas comunidades formem associações ou comissões de moradores, para que possam concertadamente prestar a sua colaboração às forças de segurança ou, autonomamente, assumirem elas essa tarefa. São amplamente conhecidos os casos dos Estados Unidos e do Reino Unido, em que o morador integra um programa designado de *neighbourhood watching*, garantindo a vigilância dos bens dos outros enquanto estes estão ausentes, chegando mesmo a colaborar com as forças de segurança na difusão de informações sobre actividades suspeitas que ocorram no seu local de residência.

Conclui-se então que as reacções mais frequentes ao aumento do sentimento de insegurança podem ser indiciadas como[27]:

- *evitamento*[28];
- medidas de protecção com vista a diminuir a vulnerabilidade dos bens materiais do indivíduo;
- condutas individuais com vista a minimizar as consequências de uma vitimação;

---

[26] Num estudo realizado por Alina Esteves as medidas de protecção mais tomadas pelos inquiridos eram as seguintes: evitar passar por determinadas áreas ou artérias (como ruas mal iluminadas ou áreas de prostituição) – 66,1%, evitar passar próximo de algumas pessoas, como negros, ciganos, indianos ou prostitutas – 23, 7%, evitar sair sem estar acompanhado – 61,0%, evitar transportar dinheiro ou valores ao sair à noite – 63,1% e trazer consigo um objecto de defesa pessoal – 5,1%. Cit. Esteves, 1999, pp. 58, In Diogo, Sandra, *op. Cit.*, 1999, pp. 17.

[27] Cit. Rico e Salas, 1988, pp. 37, In Diogo, Sandra, *op. Cit.*, 1999, pp. 21.

[28] Procedimento que enquadra comportamentos como evitar sair sozinho à noite ou participar em certas eventos.

– procura de informação sobre a criminalidade[29];
– organização de medidas colectivas de protecção;
– recurso aos poderes públicos[30].

E é no seio deste caldo de sentimentos que as forças de segurança têm que exercer a sua actividade.

Tendo presente que operam entre duas realidades criminais tão próximas quanto se querem afastar, regidas por condicionantes legais que percorrem desde a cúpula político-constitucional até à mera orientação táctico-técnica, ditada muitas vezes por entidades que pouco conhecimento experienciaram da vivência real de situações similares às que, quotidianamente, estes descendentes do Corpo de Quadrilheiros se sujeita, mas sobretudo, sentido cada um dos elementos das diferentes policias, o apelo sentido que brota do coração inseguro de cada cidadão, exorcisado em diferentes dimensões, devido a factores diversos, reagindo cada um de sua forma, mas todos apelando pelo mesmo, é que a Polícia procura, no presente, adequar ainda mais a sua resposta ao pedido de quem serve.

IV

As Respostas Táctico - Policiais

As respostas táctico-policiais que actualmente se procuram implementar nas malhas urbanas do território nacional, são o reflexo da vontade presente de querer melhor servir a população. A experimentação de novas respostas tácticas, imbuídas de uma diferente filosofia policial, são a proposta que as forças policiais, e nomeadamente a

---

[29] Recorrendo sobretudo aos *media*, às forças de segurança, aos familiares e aos amigos.

[30] Que compreende procedimentos como a reivindicação de melhorias na área da segurança, quer através de um representante ou directamente, através de manifestações públicas, abaixos-assinados, contactos com a comunicação social, com o comando da força de segurança da zona, entre outras.

Polícia de Segurança Pública por se tratar da força policial responsável pela segurança das maiores cidades, estão a levar à população.

Antes porém do mergulho definitivo no Modelo Integral de Policiamento, compreenda-se o percurso último feito pela Polícia em Portugal, e as bases em que assenta a presente mudança, para melhor compreender não somente o quê, mas também o como e o porquê do que é mudado.

A evolução do *Sistema de Polícia*

As sociedades estão longe se serem estanques e estáticas. Ainda que as instituições recorram à elaboração de modelos teóricos que facilitem a compreensão do tecido social em que operam, existem sempre factores que têm que permanecer voláteis, sob pena desadequação da representação teórica escolhida. Com a Polícia não é diferente.

Um sistema policial, como qualquer outro, sustenta-se em duas dimensões distintas, mas complementares:

- A Dimensão Social (que aborda a interacção estabelecida entre os indivíduos);
- A Dimensão Cultural (que abrange os valores, ideias e símbolos)[31].

Uma vez definidas ambas as dimensões para o cenário social que se quer considerar, desencadeia-se o processo de *institucionalização* que, unindo ambas, transforma os elementos culturais em normas de acção, papéis e grupos. Nas forças policiais é o valor *Segurança* que se institucionaliza, e a partir do qual são definidas as referidas normas de acção, papéis e grupos diferentes dos do resto da sociedade.

---

[31] Cfr. Oliveira, José Ferreira de, *As Políticas de Segurança e os Modelos de Policiamento – A Emergência do Policiamento de Proximidade*, Coimbra, Almedina, 2006, pp. 101-105.

Contudo, porque a *Sociedade* no seu todo está em permanente mudança, o *Sistema Policial*, por via da dimensão social, é forçado a acompanhar tal dinâmica. O teórico *Rocher* sugere que, quando a realidade a estudar é complexa, se recorra a um *Modelo*, pelo que, para se aferir que tipo de *Sistemas Policias* poderíamos encontrar, se procedeu à elaboração de uma concepção teórica procurando, através de construções simbólicas e simplificadas, estudar separadamente as diferentes partes dessa mesma realidade e assim tornar todo o quadro de mais fácil apreensão.

Ora a especificidade das instituições policiais decorre da sua posição particular entre a população de um Estado e a tutela política que o governa, podendo ser constatada de duas formas:

- As instituições policiais estão profundamente inseridas no tecido comunitário, pois trabalham mais perto da população do que dos órgãos de governo centrais, o que implica que busquem responder às exigências da primeira em detrimento do cumprimento escrupuloso das orientações dos últimos;
- Por ser um corpo cada vez mais especializado nas suas funções de garante da paz e ordem públicas, em nome da salutar convivência dos membros da comunidade, não se pode coibir de agir em nome de uma autoridade colectiva, garantindo o cumprimento das normas vigentes.

Note-se porém, que a relação dinâmica entre governantes e população varia nas suas condicionantes de Estado para Estado, e de época para época, pelo que um estudo individual para cada caso se torna essencial.

A complexidade de um Sistema Policial pode actualmente ser aferida através de dois modelos distintos. Um primeiro que coloca em oposição dois sistemas:

- O Inglês, que busca uma autor regulação da comunidade em detrimento do recurso, ao mínimo, da uso da força, por parte das autoridades policiais – *Polícia do Povo*;

– O Europeu/Continental, que formula um aparelho policial mais próximo das directrizes políticas, pela que a sua função será exercida de forma mais coerciva e violenta – *Polícia do Príncipe*.

Um último, talvez mais complexo mas também mais preciso, compreende a relação dinâmica entre duas componentes primordiais: a exigência social e o direccionamento político, sendo que ambas podem ser fortes ou fracas, apresentando o seu cruzamento quatro possibilidades distintas, conforme a seguinte figura ilustra[32].

SISTEMAS DE POLÍCIA	Exigências Sociais		
Direccionamento Político		Forte	Fraca
	Forte	ARBITRAL	AUTORITÁRIO
	Fraca	COMUNITÁRIO	MÍNIMO

Tendo por base esta última concepção, analisemos a evolução da realidade policial portuguesa nos últimos trinta anos, ao longo da qual é possível descortinar três alterações na estratégia seguida pelas forças de segurança na sua actuação diária junto da comunidade.

Inicialmente recorrendo somente a efectivo apeado e com distribuição de inúmeras esquadras dispersas pelos diversos aglomerados populacionais, foi sendo adoptado o veículo automóvel e motorizado, de forma a permitir chegar mais rapidamente aos locais das ocorrências, ao mesmo tempo que a cobertura territorial seria também alargada. No início da década de oitenta estava generalizado o policiamento apeado e automóvel, disperso pelos locais de maior

---

[32] Cfr. Oliveira, José Ferreira de, *As Políticas de Segurança e os Modelos de Policiamento – A Emergência do Policiamento de Proximidade*, Coimbra, Almedina, 2006, pp.101-103.

aglomeração de pessoas, sendo alvo de especial cuidado os pontos entendidos como sensíveis, tais como residências de altas entidades do contexto nacional, edifícios governamentais, infra-estruturas relevantes, etc. Nos anos noventa procura-se uma reorganização tentando rentabilizar os recursos humanos, através do reagrupamento do efectivo das diversas esquadras em *Super Esquadras*, medida que foi depois abandonada em determinados locais, quer por, internamente, não se mostrar como a solução adequada, quer por exigências localizadas da população aí residente.

Com esta última reestruturação procura-se então abandonar o policiamento maioritariamente aleatório, buscando já um enquadramento que visava abranger uma primeira noção do que seria o sentimento de insegurança, direccionando grupos especiais de policiamento para grupos cujo sentimento de vulnerabilidade fosse maior, nomeadamente através dos programas *Escola Segura*, *Apoio 69-Idosos em Segurança* e *Comércio Seguro*. Os meios auto procuram já, sobretudo nas metrópoles, abandonar o mero policiamento rondante na sua área de jurisdição, e passar a trabalhar numa *malha* policial que visava aumentar a eficácia e diminuir os riscos quando se desencadeava uma fuga ou uma mera transposição entre áreas de jurisdição.

Não deixou, contudo, de surgir um incremento do sentimento de insegurança em muito devido à acção dos *media*, o que levou a uma degeneração da garantia de segurança com o surgimento de *milícias populares*, fenómeno muito localizado e que somente devido ao empolamento da comunicação social se prolongou por tanto tempo e em diversos locais. A resposta proveniente do poder executivo viria pouco depois, com a regulamentação das polícias municipais[33], das empresas privadas de segurança e da videovigilância que, como todas

---

[33] Consensualmente considerado um excelente instrumento do exercício do poder autárquico, surgido numa altura em que a associação nacional destes representantes aparentava algum poder de mobilização da opinião pública.

as áreas ligadas à segurança, são especialmente apetecíveis, não somente pelo poder que detêm ao lidar com uma matéria tão sensível, mas também pela facilidade de obtenção de lucros.

Actualmente as forças de segurança estudam já um projecto que evolui para um policiamento direccionado, que abandona a afectação de recursos humanos em exclusividade aos grupos de risco, mas antes os distribui por toda a população através de critérios essencialmente geográficos e sociais, proporcionando o policiamento de proximidade a chegada a toda a população, garantindo através de um contacto personalizado entre agente policial e cidadão uma diminuição do sentimento de insegurança e, logo, um aumento da qualidade de vida.

Podemos assim orientando-nos pelo modelo de Bayley, estabelecendo o paralelismo com o que inicialmente foi referido neste item, que entre 1926 e 1974 as forças policiais se regeram por um sistema policial autoritário, em que a exigência social era mínima (ou pelo menos mínimo era o resultado social da sua expressão) e o direccionamento político forte. De 1974 até meados da década de oitenta, quer a exigência social (no que respeita à actuação policial), quer o direccionamento político, foram fracos, pelo que o sistema policial foi mínimo. Desde a década de noventa até à actualidade, assistimos a um aumento da exigência social, sem que o direccionamento político se oponha, pelo que o sistema policial parece estar a assentar na faixa comunitária.

Ora se o sistema policial é comunitário, vejamos em seguida como é que tal se reflectirá no modo de policiar, ou seja, no Modelo de Policiamento.

O Modelo de Policiamento Comunitário

A concepção deste modelo de policiamento remonta a 1829, com a fundação da Polícia Metropolitana de Londres por Robert Peel, numa época em que o clima de insegurança era muito preocupante na escura capital inglesa. A densidade populacional, fruto de uma revolução industrial que prometia emprego para todos nas áreas fabris, cativou grande parte da população rural desempregada e com fome, para além de muitos imigrantes provenientes de outros países.

A insegurança aumentava, proveniente do avolumar da mendicidade, da prostituição, dos roubos e até dos homicídios. O *bobby* londrino, polícia de giro inglês, foi a resposta encontrada, passando a estar encarregue da manutenção da ordem, da paz e da segurança num bairro concreto, rodeado do respeito e da estima dos habitantes.

Este corpo policial, fiel ao sistema *Polícia do Povo*, desempenhava um *policing by consent*, ou seja, intervinha numa base consensual, sem poderes especiais. A sua principal preocupação era a prevenção do crime, assumindo como objectivo secundário o apoio às populações.

Este modelo cairia em desuso com a implementação de recursos tecnológicos como as viaturas e os rádios, que direccionaram os modelos policiais para um cunho mais reactivo, em detrimento de uma abordagem preferencialmente proactiva.

E voltam a ser os países anglo-saxónicos que o recuperam nas décadas de 60 e 70, através de experiências em Aberdeen (Escócia) com a implementação do *Team Policing*, que consistia em equipas que trabalhavam por zonas mas que, fruto do isolamento aquando do patrulhamento de ruas desertas e algum abandono de que foram alvo por parte das chefias, acabaram por sucumbir à falta de motivação, findando o projecto em 1963. Em Accrington (Inglaterra) criam-se as *Unit Beat Policing*, que eram equipas compostas por elementos residenciais sob a coordenação de um supervisor 1.º nível, suportadas por equipas de detectives e de patrulhamento auto, mas que, fruto de avaliações negativas, foram extintas em 1971.

A ideia do *Team Policing* foi mais tarde desenvolvida nos EUA, no final da década de 60, sendo caracterizada por Sherman em 1973 como composta na base da afectação geográfica estável, interacção departamental, utilização de conferências formais pelas equipas para se aproximarem e dialogarem com a população, reencaminhamento sistemático para organismos de apoio social dos casos que necessitassem de resolução através destes mecanismos e, sobretudo, concebiam a participação comunitária no trabalho policial[34].

Outras evoluções foram ocorrendo, mas as bases tácticas estavam lançadas, o que permitiria a Rosenbaum, no ano de 1998, conceptualizar este modelo da seguinte forma:

- Pressupunha uma redefinição das funções policiais, privilegiando o sentimento de segurança e a qualidade de vida;
- Buscava uma reordenação das prioridades policiais, que deveriam agora dar mais enfoque às denominadas bagatelas criminais e sociais;
- A principal assentaria na prevenção e na resolução de problemas, através da inovação, consultação e proactividade;
- Garantia-se o *empowerment* do papel das comunidades, proporcionado por uma estrutura que permitisse a partilha de poder, auscultação e participação do comum cidadão;
- Impunha como necessidade a reestruturação das organizações policiais, descentralizando, estabelecendo parcerias, concebendo uma nova política de territorialização e reorganizando a própria estrutura institucional.

A maior parte dos Estados da Europa adopta este *Modelo*, durante a década de 90, arreigados que estavam ao desenvolvimento de um aparelho policial com preocupações essencialmente políticas e associado ao processo de construção do próprio Estado. Abandona-se a orientação para a protecção das instituições e das autoridades estabelecidas, e busca-se privilegiar a procura societal de segurança e o próprio indivíduo.

Mas ainda que a *Filosofia* ou *Sistema Policial* seja semelhante, o modo como as forças policiais procuram interagir com os cidadãos, e sobretudo, o papel que a estes é atribuído, apresenta diferenças entre

---

[34] Cfr. Oliveira, José Ferreira de, *Op. Cit.* 2006, pp. 119-121.

o *Community Policing* e a *Police de Proximité*, seja a abordagem anglo--saxónica, seja a francófona.

Temos pois que, enquanto *Community Policing* ocorre uma partilha de competências entre forças policiais, outras organizações e cidadão comum, no *Police de Proximité* é o Estado, através das forças policiais, que assume todas as tarefas no processo, sem prejuízo da realização de parcerias, mas nunca abdicando ou delegando as competências que lhe cabem por lei.

Na Europa continental tenta-se, na década de 90, renovar as relações entre a Polícia e a população, partindo das seguintes premissas:

- conceber a descentralização organizacional e a reorientação das patrulhas para a comunicação com o público;
- desenvolver acções tendo em vista a resolução de problemas, apoiadas em estratégias policiais que se direccionem às causas dos fenómenos;
- delegar competências aos agentes de bairro para definição de prioridades a nível local;
- reconhecer que a problemática da segurança não é da sua exclusiva competência, devendo a população local trabalhar em conjunto com as forças policiais, adoptando-se um sistema de consulta permanente à comunidade, procurando antecipar-se aos problemas;
- apoiar as populações locais para resolução de situações de delinquência, através de instituições de apoio social;
- recorrer a meios diversificados para acções preventivas;
- gerir escrupulosa e eficiente da informação obtida;
- enquadrar os agentes de Polícia como intérpretes de Paz e não meros representantes das forças de ordem.

Assim, tendo por base estas concepções filosóficas e orientações institucionais implementadas na Europa no início da década de 90, inicia-se em Portugal o processo de decisão estratégica que culminará quase uma década, mas que desencadeará na definição do Modelo Integral de Policiamento.

Modelo Integral de Policiamento

Bebendo da filosofia policial comunitária e orientando-se tacticamente pelo Modelo de Policiamento Comunitário, ainda que aplicado segundo as noções de Proximidade francesas, a Polícia de Segurança Pública concebeu um Modelo de Policiamento que integra as diferentes valências que um corpo policial moderno se vê obrigado a abranger, sobretudo quando tem sob sua responsabilidade garantir a paz pública nas zonas urbanas.

Este modelo compreende então cinco níveis de intervenção, correspondendo a cinco diferentes situações, que diferem consoante a situação seja normal, com muitos ou poucos intervenientes, perante cenários com maior ou menos agressividade, ou mesmo quando se está perante um incidente táctico-policial (ITP).

Dependendo do nível de intervenção correspondente à situação encontrada, os recursos a empenhar estão já à partida tipificados. Decrescendo em complexidade, temos no topo da pirâmide equipas especializadas para ITP, no 4.º nível, o empenhamento de unidades especializadas na reacção e reposição ordem pública, em seguida equipas já distribuídas localmente e especialmente formadas para uma resposta reactiva eficaz, no 2.º nível, os elementos que, também localmente, têm por missão prevenir e, por fim, na base de toda esta pirâmide policial, encontramos os diferentes componentes da aplicação mais especializada da filosofia comunitária, em concreto as Equipas de Proximidade e de Apoio à Vítima (EPAV), e as Equipas do Programa Escola Segura (EPEV), para além do policiamento auto e velocipédico.

Toda esta estrutura é, em simultâneo, alimentada e alimentadora das duas restantes valências, a investigação criminal e as informações policiais, constituindo no seu todo o Modelo Integral de Policiamento. Estão deste modo, cimentados os pilares Preventivo, Reactivo, Informações e Investigação Criminal.

E é com base neste modelo que as forças de segurança portuguesas, nomeadamente a Polícia de Segurança Pública, fazem face à criminalidade objectiva e, sobretudo, subjectiva.

Não existe, até ao momento, nenhuma forma comprovadamente mais eficiente de policiar do que esta, que permita abranger os mais variados fenómenos criminais, incluindo o fenómeno da droga. Este especial direccionamento para a questão do tráfico e consumo de estupefacientes é caracterizado de modo sucinto por Trojanowicz, quando refere que o policiamento de proximidade/comunitário interfere no *Tráfico de Distribuição Directa* de variadas formas. Com efeito, este modo de policiar permite um aumento do número de observadores //informadores, dada a interacção que os elementos das EPAV, ou outros em funções similares, estabelecem com a generalidade da população que, ainda quando não inseridos em programas de policiamento ou vigilância da vizinhança, não deixam de ser preciosos cooperadores com os elementos policiais. E são-no, quer pela forma como relatam observações, quer como reproduzem relatos ouvidos com dados que podem ser importantes para a missão policial.

Decorrente desta interacção consegue-se um segundo efeito especialmente importante: a motivação da comunidade que se congrega para a resolução de um problema que sente como seu, e que desta forma aumenta a sua confiança e diminui o seu sentimento de vulnerabilidade, por saber ter dado um contributo de valor para chegar à solução. Sente-se mais perto das forças policiais e, assim, menos insegura.

Para além de outros itens considerados por Trojanowicz, cumpre ainda destacar o que garante conseguir o modelo de policiamento comunitário um aumento da focalização nos pontos cruciais do tráfico, até porque, conforme este teórico não deixa de referir, a *Investigação Criminal* não deverá deixar de proceder à descoberta, recolha, conservação, examinação e interpretação das provas, localizando, contactando e apresentando provas pessoais, certamente, sugerimos nós, com maior facilidade do que em qualquer ouro modelo de policiamento.

É que, se uma vantagem decorre deste modo de policiar, ela é precisamente o aumento do fluxo de informações que circula da população para o elemento policial, consequência natural de uma proximidade que incrementa a confiança e promove um sentimento de unidade entre polícia e cidadão, no combate ao crime e à delinquência generalizada. Basta depois implementar as estruturas organizacionais necessárias para que, internamente, tais informações fluam dos elementos do pilar preventivo até à *Investigação Criminal*, e vice-versa, completando o círculo.

V

Conclusão

Mais do que garantir o afastamento de uma ameaça abstracta e não direccionada para o seu dia-a-dia, ou outras envolvidas em neblinas que longinquamente surgem escurecidas pelo mistério de décadas de sobrevivência escondida, mas controladoras dos sub mundos do crime, criadoras de mitos, venerações e ódios, o que importa ao comum cidadão, nomeadamente ao português, que se sente distante das ameaças terroristas ou mesmo das grandes redes internacionais do crime (pelo menos das formas mais aterradoras dos crimes pelos seus elementos praticados), é o combate ao crime de menos importância penal, mas gerador de maior alarme social e, por isso, mais desestabilizador do equilíbrio individual.

Mais do que a acção táctica e o procedimento técnico, mais do que a expressão processual que daqui deriva, onde realmente se encontra a chave para a abertura da porta do sucesso da acção policial (ainda que na segurança o sucesso seja sempre algo indefinido e muito relativo), parece ser no contacto com a população e na forma como se chega à resolução dos seus problemas, e não dos que afectam a entidade por vezes demasiado difusa que é o Estado.

E mais do que acções isoladas envolvendo pesquisas, vigilâncias, fiscalizações, abordagens, seguimentos, identificações, apreensões, detenções ou quaisquer outras diligências processuais, a principal fonte de sustentação do actual modo de policiar a sociedade e, deste acto, da oferta de segurança às populações, advém precisamente da filosofia comunitária e do policiamento em moldes comunitários, que neste momento é praticado pela PSP, disponibilizando não o recurso em bruto da instituição, mas antes a pessoa humana que dela faz parte, e que através desta proximidade estabelece diálogo com o seu semelhante da sociedade.

Ora o dever das forças policiais, sobretudo as de cariz privilegia-dor da dimensão humana em detrimento da protecção da integridade territorial do Estado, como por norma são as que operam em meios urbanos, é de promover tal aproximação com a comunidade, indivi-dual e institucional, e com ela operar mudanças, objectivas e, sobre-tudo, subjectivas. Não importará somente ao cidadão, e certamente não importará somente à força policial, que o indivíduo não se torna vítima de crime; são muitas as pessoas que passam existências inteiras sem nunca serem vítimas de qualquer crime.

Advém da realidade contemporânea uma nova necessidade; a de garantir que esse mesmo indivíduo se sinta seguro. E tal será tão facilmente alcançado quanto ele se sentir mais próximo de quem lhe oferta segurança, e assim, mais distante dos que lhe causam receio, muitas vezes a ponto de condicionar a sua liberdade, fim último pelo qual qualquer elemento de força policial, regida por princípios democráticos, exerce a sua função.

É este o ponto de viragem em que nos encontramos. A institui-ção policial promove em definitivo uma mudança na forma como dialoga com a população e se aproxima das suas necessidades, sem deixar de se desnortear no seu rumo institucional e nas prioridades por si definidas, mas garantindo, fruto da interacção proposta, o alcance de índices securitários, objectivos e sobretudo subjectivos, que melhorem a qualidade de vida do indivíduo.

Esforço ainda em fase embrionária, é certo, na sua aplicação táctica, mas já bastante amadurecido na sua concepção estratégica, o policamento de proximidade é o garante definitivo do alcance de sucesso para esta nova era do policiamento nacional, talvez o fechar de um ciclo de afastamento institucional, devolvendo ao cidadão a companhia do polícia.

BIBLIOGRAFIA CONSULTADA

BRANDÃO, Ana Paula, *in Informações e Segurança – «Segurança: Um Conceito Contestado em Debate»*, Lisboa, Prefácio, 2004: "Segurança Humana".

Comunicação da Comissão ao Conselho e ao Parlamento Europeu – *Prevenção da Criminalidade da União Europeia*, 16 de Abril de 2004.

COSTA, Paulo Sérgio Magalhães da, *A Resposta Policial ao Sentimento de Insegurança dos Idosos – Tese de Licenciatura em Ciências Policiais* – edição não revista, ISCPSI, 2002;

DIOGO, Sandra, *A Actuação Policial: Factor Condicionante do Sentimento de Insegurança Idosos – Tese de Licenciatura em Ciências Policiais* – edição não revista, ISCPSI, 2001;

HASSEMER, Winfried, *A Segurança Pública no Estado de Direito*, Lisboa, Associação Académica – Faculdade de Direito de Lisboa, 1995.

SANTOS, Loureiro dos, *Reflexões sobre Estratégia – Temas de Segurança e Defesa*, Lisboa, Publicações Europa-américa, 2000, pp. 81,82.

Legislação

Lei Constitucional n.º 1/2001 – art. 272.º, Diário da República – I SÈRIE – A, N.º 286 – 12 de Dezembro de 2001.

Lei n.º 20/1987 – art. 1.º e art. 2.º, Diário da República – I SÉRIE, N.º 134 – 12 de Junho de 1987, alterado pela *Lei n.º 8/91*, de 01 de Abril de 1991.

A INVESTIGAÇÃO DO CRIME ORGANIZADO

Buscas domiciliárias nocturnas, o agente infiltrado e intervenção nas comunicações[1]

MANUEL MONTEIRO GUEDES VALENTE

Director do Centro de Investigação e Professor do Instituto
Superior de Ciências Policiais e Segurança Interna
Professor Convidado da Universidade Autónoma de Lisboa

I

Enquadramento geral

1. O crime organizado é um fenómeno criminógeno, cujas estruturas operativas policiais e judiciárias e cujo ordenamento jurídico processual penal vigente num determinado tempo e espaço se manifestam incapazes de prevenir[2]. A prevenção das actividades criminosas desenvolvidas pelo crime organizado é uma consequência da inadaptação e inadaquação dos intrumentos – jurídicos e operativos – para fazer face a estruturas criminosas humanas e materiais

---

[1] O texto que se publica em português corresponde à versão da conferência escrita e proferida em espanhol no dia 10 de Abril de 2008, no *XX Congresso de Alunos de Direito Penal da Faculdade de Direito da Universidade de Salamanca,* suja versão em espanhol se encontra publicada na obra colectiva: *Dos Décadas de Reformas Penales,* (Coord. NIEVES SANZ MULAS), Editorial Comares, S. L., Granada, 2008, pp. 177-195.

[2] Neste sentido WINFRIED HASSEMER, *A Segurança Pública num Estado de Direito,* AAFDL, Lisboa, 1995, pp. 100 e ss..

supranacionais. Os efeitos negativos dessas actividades escapam ao olhar humano e à transparência lícita da vida quotidiana e diluem-se suavemente por entre as estruturas organizativas privadas e públicas legais.

O lucro rápido é o objectivo imediato, conquanto o controlo do poder económico, social e político são apontados comummente como os grandes objectivos mediatos, porque através desse controlo manateiam todo o tecido produtivo industrial e não industrial, podendo, assim, obter um maior lucro económico-financeiro lícito e ilícito, sendo que este será branqueado para ser introduzido no fluxo legal do mesmo sector. Este controlo gera por si só o controlo da legisferação – poder legislativo – e, com maior ou menor influência, pode vir a controlar o mundo judiciário – poder judicial – caso não hajam instrumentos jurídico-constitucionais legitimantes da actividade jurídico-criminal processual identificadores dos elementos probató- rios suficientes e adequados a determinar os agentes e o tipo de crime a investigar, a acusar e a julgar.

2. A **prevenção do perigo** emergente da actividade do crime estruturado e organizado devia centrar-se no quadro das competên- cias próprias das polícias, que existem como fundamento de garantia e defesa da legalidade democrática, dos direitos dos cidadãos e da segurança (interna) de todos os cidadãos e num espaço, nacional, regional – europeu – e transnacional. A prevenção deste perigo dever-se-ia, *prima facie*, centrar numa actividade jurídico-administra- tiva policial em áreas como o controlo e a fiscalização das actividades licenciadas pelo Estado – como os sectores da industria, da imigra- ção, da importação e exportação de bens (de consumo ou matérias primas), da construção civil e imobiliário, da exploração de estabele- cimentos de restauração e hotelaria, da importação e exportação de armas, da importação e exportação de fármacos, da importação e exportação de automóveis, da emissão de documentos pessoais (pas- saporte, carta de condução, número fiscal), da banca (através do banco central de cada Estado-membro[3]), do desporto, da internet, (etc.). Caso existisse um sério e real controlo e fiscalização destas actividades lícitas – pois, o mundo do crime estruturado e organizado utiliza as estruturas organizadas legalmente para proliferação dos seus intentos – e se actuasse no plano administrativo preventivo[4] e sancionatório, prevenia-se e evitava-se o recurso excessivo ao direito penal material e processual.

O crime organizado, como já disseramos, necessita da rede estabelecida legalmente para se espalhar e se enraizar quer de forma directa quer de forma paralela e utiliza as malhas de restrição legal e de lacunas legais para se trincheirar e ganhar forma em primeira mão ilícita e em segunda mão lícita. Mas, não basta a lei propor soluções, como a aprovação de instrumentos jurídicos de investigação criminal mais sofisticados na aquisição da prova – *buscas* nocturnas em domicílios, *intercepção e gravação de comunicações* para todo o tipo de crimes considerados graves e de altíssima especialidade e perigosidade, *agente infiltrado* para um leque vasto de tipologias criminais, *registo de voz (off) e imagem* para crimes económico-financeiros considerados, muitas vezes, como causa e consequência típica da actividade criminosa organizada e do próprio terrorismo. É necessário uma consciencialização da sociedade de que o crime organizado é uma doença prolongada e devastadora para o desenvolvimento harmonioso da comunidade: hoje, pode-lhes dar trabalho, dinheiro para

---

[3] Veja-se o caso do Banco Millenium – BCP, que culminou com a eleição de uma nova administração, cujo «fraco» trabalho de fiscalização e controlo do Banco de Portugal sobre esta actividade bancária desenvolvida por membros da direcção, enfraqueceu a credibilidade e a força económico-financeira do maior banco privado português. A posterior acção sancionatória – seja administrativa seja penal – não retira os efeitos negativos e demonstra que podia ter sido evitada se a actividade administrativa policial tivesse actuado antes do dano acontecer.

[4] No sentido de uma prevenção do perigo no quadro do branqueamento de capitais quanto à actividade bancária ou equivalente, podemos apontar o al. *a*) do n.º 1 e o n.º 2 do art. 7.º da Convenção das Nações Unidas contra a Criminalidade Organizada Transnacional, mais conhecida por Convenção de Palermo.

alcançar fins pessoais e profissionais, oportunidades económicas, sociais e políticas, mas amanhã têm de pagar (e muito) a ajuda antes dada como esmola. Essa consciencialização é um grande passo, que aos poucos alguns meios de comunicação social têm transmitido, enquanto que outros com o intuito das audiências têm distorcido[5].

Como exemplo recente, podemos apontar o caso Madie. Não obstante o excessivo aproveitamento da imprensa escrita e televisiva para obter vendas e audiências, colocou o ser humano a pensar nos perigos das redes de tráfico de pessoas e de pornografia infantil. Em Portugal, vários jornalistas escreveram livros sobre o desaparecimento da Madie. Independentemente do conteúdo quanto à imputação penal e sociológica da responsabilidade do desaparecimento da Madie, os artigos dos jornais, os livros, as discussões públicas televisivas puseram a nu a extrema dificuldade (e quase inoperância) dos instrumentos jurídico-processuais de investigação criminal, assim como a confusa cooperação vertical entre a polícia e as autoridades judiciárias (em especial do Ministério Público, a quem cabe dirigir o inquérito crime)[6], sem esquecermos as fragilidades da cooperação policial e judiciária em matéria penal a nível da Europa.

3. A investigação criminal no âmbito do crime organizado não pode socorrer-se de instrumentos processuais penais delatores dos direitos fundamentais do ser humano – mesmo no espaço europeu se

---

[5] Quanto a este complexo pêndulo de dialéctica bipolar e com um exame crítico da relação entre a justiça penal e os meios de comunicação social e a capacidade destes de alterarem e manipularem a opinião pública, assim como o défice formativo dos operadores judiciários penais para lidar com a comunicação social, que muitas vezes cria polícias e juízes de momento, SANS MULAS, N., "Justicia y Medios de Comunicación: Un Conflicto Permanente", *in Derecho Penal de la Democracia vs Seguridad Pública*, (Coord. I. B. GOMEZ DE LA TORRE y N. S. MULAS), Comares Editorial, Granada, 2005, pp. 1-31.

[6] O mesmo se passa, agora, com a menina de etnia cigana desaparecida em Huelva.

impõe o equilíbrio entre a liberdade, a justiça e a segurança[7] – em especial a vida, a integridade física e moral, liberdade, a reserva da intimidade da vida privada e familiar[8]. Se, hoje, queremos afastar o designado direito penal constitutivo [de índole autoritária] – que gera desigualdades e discriminações por se basear em antropologias e antropometrias somáticas e em tipologias morais, políticas e religiosas[9] – não faz sentido, que no quadro da investigação criminal, se possa defender todos e quaisquer meios e técnicas de investigação sem que primeiro se avaliem os meios e técnicas que existem e as razões das suas inaptidões e inadequações face ao crime organizado: pois, o argumento da ineficácia não é o melhor argumento, porque sempre o meio mais eficaz é o melhor meio para se alcançar a verdade material e a realização da justiça, porque pode-nos conduzir à verdade, mas não à verdade que é judicialmente válida, nem é admissível jurídica, sociológica e antropologicamente.

---

[7] Cfr. art. 29.º conjugado com o art. 6.º do Tratado da União Europeia. Quanto a este assunto, GUEDES VALENTE, M. M., *Do Mandado de Detenção Europeu*, Almedina, Coimbra, 2006, pp. 99-119 (em especial pp. 107-108) e DELGADO MARTÍN, J., "La Orden de Detención Europea y los Procedimientos de Entrega entre Los Estados Miembros de la Unión Europea", *in Derecho Penal Supranacional y Cooperación Jurídica Internacional*, Cuadernos de Derecho Judicial, Madrid, XIII, 2003, pp. 288-290. Quanto à relação entre a liberdade e a segurança na Constituição de Espanha, ASENCIO MELADO, J. M., "La Libertad de Movimientos como derecho Fundamental", *in Derechos Procesales Fundamentales,* Manuales de Formación Continuada – 22, Madrid, 2004, pp. 25-50.

[8] O Programa de Haya de 2005 aponta como uma das dez prioridades para os próximos cinco anos «o pleno desenvolvimento das políticas que controlam e fomentam o respeito dos direitos fundamentais para todo o mundo e das que enriquecem o conteúdo da cidadania». Cfr. COM (2005) 184, Programa aprovado pela Comissão das Comunidades Europeias, em Bruxelas, em 10 de Maio de 2005, p. 7. Pois, na *Informação sobre a Execução do Programa de Haya no ano de 2005* da Comissão das Comunidades Europeias, quanto à prioridade terrorismo, pode-se ler que é necessário um *intercâmbio de informação entre autoridades policiais e judiciais salvaguardando **um equilíbrio adequado entre direito à intimidade e à segurança***. A comunicação foi aprovada em Bruxelas, 28 de Junho de 2006. Cfr. COM (2006) 333 Final, p. 8.

[9] Quanto ao direito penal constitutivo, LUIGI FERRAJOLI, *Derecho y Razon*, Editorial Trotta, Madrid, 2005, pp. 506.

A **legitimidade normativa** – aquela que ressalta da previsão legal emanada do órgão eleito pelo povo – dos meios e técnicas de investigação não é, hoje e num Estado de direito e democrático, suficiente. Pois, impõe-se que os meios e técnicas de investigação criminal – mesmo da actividade emergente do crime organizado – estejam dotados de **legitimidade sociológica** – devem ser tidos por necessários e úteis aos olhos dos cidadãos, desde logo pela confiança que o povo tributa os operadores judiciários e policiais[10]. Recordamos o ensinamento de G. MARQUES DA SILVA quanto às polícias, que se estende a todo o aparelho judiciário: "a população está disposta a colaborar com uma polícia que lhe pareça claramente legítima, ou seja, uma polícia que respeite a legalidade, seja tecnicamente eficaz, cumpra os imperativos morais dominantes e seja eticamente responsável"[11].

Há meios de investigação criminal ou há uma densidade de determinados meios de investigação criminal – dirigidos para a obtenção da prova pessoal e real – que a comunidade dificilmente admite como regra geral, mas que aceita que os operadores judiciários criminais se *socorram deles excepcionalmente* e *de acordo com determinados princípios* e, ainda, dentro de um *catálogo restrito de crimes*. Esses meios ou técnicas de investigação – buscas domiciliárias nocturnas, agente infiltrado, intercepções e gravações das comunicações, registo de voz (*off*) e imagem – representam uma especial e elevada restrição dos direitos e liberdades fundamentais pessoais, pelo que a sua legitimidade normativa ter-se-á de aferir constitucionalmente e dentro dos princípios jusconstitucionais a que a lei processual penal deve obediência.

---

[10] Quanto à legitimidade normativa e sociológica REINHOLD ZIPPELIUS, *Teoria Geral do Estado*, 3.ª Edição, Fundação Calouste Gulbenkian, Lisboa, pp. 71--72 e 154-156. Quanto à legitimidade normativa e sociológica da actividade da polícia, GUEDES VALENTE, M. M., *Teoria Geral do Direito Policial* – Tomo I, Almedina, Coimbra, 2005, pp. 76-79; MARQUES DA SILVA, G., *Ética Policial e Sociedade Democrática*, Ed. ISCPSI, Lisboa, 2001, pp. 20 e 85.

[11] Cfr. MARQUES DA SILVA, G., *Ética Policial ...*, p. 85.

4. O crime organizado gera, pela sua natureza, estrutura, funcionamento e finalidade, uma dificuldade acrescida de produção de prova que é essencial para o apuramento da culpabilidade como elemento do facto[12] tipificador das actividades próprias da tipologia do crime em investigação. A obtenção da prova dos tipos de crime desenvolvidos pelo crime organizado implica uma crítica do sistema jurídico-processual penal de restrição máxima a recurso de meios e técnicas que a *priori* são, aparentemente, de elevada eficácia, mas que expurgadas as virtudes dos mesmos, ressaltam em maior números as não virtudes: desde logo, o perigo do Estado, através dos seus operadores judiciários penais, utilizar os mesmos meios que os criminosos e perverterem o mandato do povo, gerando desconfiança e a consequente ilegitimidade sociológica e normativa.

A perseguição dos agentes do crime organizado deve, mesmo que não seja eficaz, basear-se nos princípios e valores próprios da cultura jurídica de um Estado assente na dignidade da pessoa humana e na vontade popular. Não se previne e persegue o crime organizado só com meios sofisticados, que, devido à sua natureza excepcional e perniciosa, podem ser geradores de novos tipos legais de crime ou detractores da legalidade constitucional do Estado. Para prevenir e perseguir o crime organizado, consideramos que é necessário, mais do que meios e técnicas extremamente restritivas dos direitos e liberdades fundamentais, *engenho e arte* **que emergirá dos operadores judiciários bem preparados técnica, profissional, académica, científica e eticamente.** Muitas das vezes a prova e a verdade estão à frente dos olhos que não querem ver, porque não têm a visão emergente daquele pensamento: para que AL CAPONE fosse detido, julgado e condenado, foi preciso que o polícia mais franzino e mais débil fisicamente pensasse e encontrasse a única «possibilidade, a "infalível" prova» documental dos livros da contabilidade que provaram a fuga aos impostos. Nem sempre os meios e

---

[12] Neste sentido LUIGI FERRAJOLI, *Derecho y Razon*, p. 501.

técnicas mais sofisticados nos não dão a verdade e a prova para que o direito penal se concretize com a realização da justiça penal e o alcance da paz jurídica, mas a solução que a lei não admite e proíbe.

II

Buscas domiciliárias nocturnas

5. O domicílio familiar durante a noite foi, em Portugal, até à Revisão Constitucional de 2001, um local sagrado; sacralidade respeitada mesmo nos Estados de regime único ou autoritário. Mas, a evolução da criminalidade para níveis de especial complexidade e de alta organização, a par de fenómenos criminógenos como o tráfico de droga, o tráfico de armas, de seres humanos, e o terrorismo, fez cair a ideia de sossego nocturno.

A entrada e a busca em domicílio, à noite, só se admitiam, constitucionalmente, por consentimento do visado com a diligência e de quem usufruísse o espaço domiciliar[13] ou em situações de estado de necessidade[14]. A inviolabilidade de domicílio resguardava o direito à reserva da intimidade da vida privada e familiar – consagrado n.º 1 do art. 26.º da Constituição Portuguesa.

O medo das (novas) ameaças vindas do crime organizado e do terrorismo, apimentado com uma ideologia belicista do direito penal, levaram o legislador constitucional a abrir um espaço que extinguiu o santuário nocturno – o domicílio familiar. Não se nos afigura de todo irrazoável que o domicílio profissional ou fiscal ou contabilístico pudesse ser restringido durante a noite, mas o domicílio familiar já nos parece que ultrapassa os limites materiais de revisão constitu-

---

[13] Cfr. *ab initio* n.º 3 do art. 34.º da Constituição Portuguesa e al. *b*) do n.º 5 do art. 174.º do CPP.

[14] Cfr. GOMES CANOTILHO, J. J. e VITAL MOREIRA, *Constituição da República Portuguesa Anotada*, 3. .ª Edição, Coimbra Editora, Coimbra, 1993, p. 213. Quanto a este assunto GUEDES VALENTE, M. M., *Revistas e Buscas*, 2.ª Edição, Almedina, Coimbra, 2005, pp. 109-112.

cional no que respeita aos direitos fundamentais[15]. Não olvidamos de que há indivíduos que utilizam o domicílio familiar para praticar crimes de tráfico de droga, tráfico e exploração de seres humanos, tráfico de armas e para produção de engenhos explosivos para a prática de actos de terrorismo. Pergunto se a entrada e busca no domicílio à noite vai conseguir os objectivos desejados (prevenção e repressão daqueles tipos de crime) ou se os delinquentes não terão sistemas de controlo da actividade da polícia? Pensamos que se não dormem para delinquir, também não menosprezam e diminuem a segurança e o controlo da movimentação da polícia.

6. A abertura constitucional permitiu que o legislador processual penal procedesse a uma maior ampliação do recurso à entrada e busca no domicílio à noite, o que diminuiu fortemente o direito à inviolabilidade de domicílio e, consequentemente, à reserva da intimidade da vida privada e familiar.

O n.º 3 do art. 34.º da Constituição impõe um catálogo restritivo de tipologias criminais admissíveis e base da entrada e busca em domicílio durante a noite: «criminalidade especialmente violenta ou altamente organizada, incluindo o terrorismo e o tráfico de pessoas, de armas e de estupefacientes». Acresce a este catálogo dois quesitos funcionais: autorização judicial [*i. e.*, do Juiz de Instrução Criminal] ou em casos de flagrante delito. O legislador processual penal prescreveu a possibilidade de buscas nocturnas nos casos de crimes com pena abstracta superior a três anos[16], *i. e.*, não nos parece que o espectro criminal do legislador penal esteja conforme o pensamento do legislador constitucional. Face ao que se encontra aprovado na lei processual penal, um crime punido com pena superior a três anos pode suscitar a entrada e a busca domiciliária independentemente de se enquadrar no catálogo determinado constitucionalmente.

---

[15] Cfr. al. *d*) do art. 288.º da Constituição Portuguesa.
[16] Cfr. al. *c*) do n.º 2 do art. 177.º do CPP.

Como sabemos o crime organizado pode utilizar tipos de crime punidos com penas superiores a três anos – *p. e.*, crimes contra a liberdade pessoal e liberdade e autodeterminação sexual, alguns crimes contra o património (furto qualificado, burla qualificada, extorsão, receptação), crimes de falsificação (etc.). Todavia, consideramos que o espectro criminal de restrição da fruição total do domicílio durante a noite do legislador constitucional se enquadra nas tipologias criminais puníveis com penas superiores a 8 anos de prisão e, quando muito, a penas superiores a 5 anos de prisão.

O conceito indeterminado de crime organizado – que abraça a criminalidade especialmente violenta ou altamente organizada – não pode funcionar como a válvula de escape para tapar a inoperatividade de informações policiais, a ausência de criatividade na investigação criminal e diminuta cooperação horizontal – entre as várias polícias – e vertical – coadjuvação das polícias às autoridades judiciárias. Todo este processo denota o perigoso e anacrónico avanço para a policialização da investigação criminal e sequente desjurisdicionalização da tutela efectiva dos direitos fundamentais do cidadão.

III

Do agente infiltrado

7. O agente infiltrado[17] ou encoberto é um dos meios ou técnicas excepcionais de investigação criminal. O recurso ao agente

---

[17] Em Portugal, o regime do agente infiltrado, que já existia para crimes de tráfico de droga, corrupção e crimes de índole económica e financeira, fora aprovado para um catálogo maior de crimes pela Lei n.º 101/2001, de 25 de Agosto. Quanto ao estudo exaustivo do agente infiltrado, GUEDES VALENTE, M. M., *Teoria Geral...* – Tomo I, pp. 283-315, ISABEL ONETO, *O Agente Infiltrado*, Coimbra Editora, 2005, ALONSO PERÉZ, F., *Médios de Investigación en el Proceso Penal*, 2.ª Edición, DyKinson, Madrid, 2003, pp. 553-578, GERMANO M. DA SILVA, "Bufos, Infiltrados, Provocadores e Arrenpendidos", in *Direito e Justiça* – Revista da Faculdade de Direito da Universidade Católica, Vol. VIII, Tomo 2, 1994, pp. 27-34, *Curso de Processo Penal*, 4.ª Edição, Verbo Lisboa / s. Paulo, Vol. I, pp.

infiltrado, a par do recurso à vigilância electrónica ou outras formas de vigilância, é uma das obrigações dos Estados Parte da Convenção das Nações Unidas contra a Criminalidade Organizada Transnacional, conhecida por Convenção de Palermo – art. 20.º. Mas, esta obrigação apenas se impõe se o ordenamento jurídico do Estado Parte permitir o uso de técnicas especiais de investigação. Como a Convenção de Palermo fala em agente encoberto, impõe-se, desde já, que se esclareça que a Convenção se quer referir à técnica ou meio de obtenção prova através do agente infiltrado, cuja natureza e funcionamento difere do agente encoberto[18].

O agente encoberto é o agente da polícia ou um terceiro concertado com aquele que, sem revelar a sua identidade ou qualidade e sem que conquistem a confiança dos possíveis infractores, frequenta os lugares conotados com o crime – *v. g.*, bares, cafés, hipermercados, estações de comboios, bairros de tráfico ou de receptação de artigos furtados ou roubados (etc.) – com a finalidade de identificar e deter, caso haja flagrante delito de um crime, possíveis suspeitos da prática de crimes, mais ou menos graves, públicos ou semipúblicos, sem que haja a determinação da prática de qualquer crime. O agente encoberto não necessita de autorização judiciária para actuar nos meandros do crime e não está restringido a qualquer catálogo de crimes[19].

O agente infiltrado detém natureza e funcionalidade diferente. O Agente infiltrado é, pois, o funcionário de investigação criminal ou um terceiro – *p. e.*, cidadão particular, que actue sob o controlo da Polícia Judiciária – que, após autorização judiciária[20], com oculta-

---

[18] Não obstante existir uma diferença significativa, muita doutrina considera agente encoberto propriamente dito como os "agentes de policía que actúan a manera de infiltrados en la organización criminal, realizando tareas de prevención o represión del delito". Cfr. ALONSO PERÉZ, F., *Médios de Investigación...*, 2.ª Edición, 2003, p. 555.

[19] Cfr. GUEDES VALENTE, M. M., *Teoria Geral...* – Tomo I, p. 301.

[20] Cfr. art. 3.º da Lei n.º 101/2001, de 25 de Agosto. Quanto à autorização judiciária, Cfr. GUEDES VALENTE, M. M., *Teoria Geral...* – Tomo I, pp. 308-310.

ção da sua qualidade e identidade e com o fim de obter provas para a incriminação do suspeito ou suspeitos (sobre quem já existe um processo crime a decorrer), ganha a sua confiança pessoal para melhor o observar, em ordem a obter informações relativas às actividades criminosas de que é suspeito, assim como obter provas – reais e pessoais – contra ele(s), com as finalidades de prevenção ou repressão criminal, sem que, por qualquer meio material ou psicológico, determine aqueles à prática de novos crimes[21].

O agente infiltrado convive e partilha da intimidade do suspeito, tem acesso a informações familiares e pessoais que nunca teria se não ganhasse a sua confiança, partilha a mesa da comida, *i. e.*, partilha e acede à vida privada e familiar do(s) suspeito(s). Há uma relação forçada e eticamente repreendida, pois caso não fosse a finalidade da investigação criminal de um crime típico do crime organizado – *p. e.*, corrupção, tráfico de droga, tráfico de armas, branqueamento de capitais e demais vantagens – aquele agente não tinha acesso à pessoa e à sua família.

8. A lei portuguesa do novo Regime Jurídico do Agente Infiltrado alargou o âmbito substantivo da intervenção do agente infiltrado – o catálogo de crimes e tipologias criminais[22] –, o âmbito da

---

[21] Cfr. GUEDES VALENTE, M. M., *Teoria Geral...* – Tomo I, pp. 288-289.

[22] Nos termos do art. 2.º da lei n.º 101/2001, de 25 de Agosto, as acções encobertas são admissíveis no âmbito da prevenção e repressão dos seguintes crimes:
«*a*) Homicídio voluntário, desde que o agente não seja conhecido;
   b) Contra a liberdade e contra a autodeterminação sexual a que corresponda, em abstracto, pena superior a 5 anos de prisão, desde que o agente não seja conhecido, ou sempre que sejam expressamente referidos ofendidos menores de 16 anos ou outros incapazes;
   c) Relativos ao tráfico e viciação de veículos furtados ou roubados;
   d) Escravidão, sequestro e rapto ou tomada de reféns;
   e) Organizações terroristas e terrorismo;
   f) Captura ou atentado à segurança de transporte por ar, água, caminho-de-ferro ou rodovia a que corresponda, em abstracto, pena igual ou superior a 8 anos de prisão;

finalidade do recurso ao agente infiltrado – não só para repressão, mas também para prevenção criminal em sentido restrito – e, ainda, o âmbito subjectivo activo – não é só o elemento da Polícia Judiciária (PJ) que pode actuar como agente infiltrado, mas também um terceiro sob o controlo da PJ, podendo este ser um cidadão sem qualquer vínculo ao Estado ou um outro elemento de outra polícia. Três questões de que gostaríamos falar de forma breve.

A primeira prende-se com o facto de não existir um limite legal à figura do terceiro a infiltrar. Não nos repugna que seja infiltrado um elemento de outra polícia. Mas, infiltrar um cidadão já levanta problemas éticos e jurídicos. Se o agente infiltrado é uma técnica excepcional, não faz sentido que o legislador tenha aberto a possibilidade da PJ poder infiltrar um terceiro, sem que tenha limitado a qualidade do terceiro: *p. e.*, proibir que sejam infiltrados indivíduos a cumprir pena de prisão, proibir que sejam infiltrados indivíduos que estão sob investigação, dando-lhe como contrapartida a atenuação da pena. A eticidade deste meio excepcional de obtenção de prova é duvidosa, muito mais se o agente infiltrado for um cidadão oriundo ou ligado ao mundo do crime[23].

---

g) Executados com bombas, granadas, matérias ou engenhos explosivos, armas de fogo e objectos armadilhados, armas nucleares, químicas ou radioactivas;

h) Roubo em instituições de crédito, repartições da Fazenda Pública e correios;

i) Associações criminosas;

j) Relativos ao tráfico de estupefacientes e de substâncias psicotrópicas;

l) Branqueamento de capitais, outros bens ou produtos;

m) Corrupção, peculato e participação económica em negócio e tráfico de influências;

n) Fraude na obtenção ou desvio de subsídio ou subvenção;

o) Infracções económico-financeiras cometidas de forma organizada ou com recurso à tecnologia informática;

p) Infracções económico-financeiras de dimensão internacional ou transnacional;

q) Contrafacção de moeda, títulos de créditos, valores selados, selos e outros valores equiparados ou a respectiva passagem;

r) Relativos ao mercado de valores mobiliários.»

[23] Quanto à questão de um terceiro poder actuar como agente infiltrado, GUEDES VALENTE, M. M., *Teoria Geral* ... – Tomo I, pp. 302-304. Já em

Outra questão tem a ver com a autorização judiciária. O n.º 4 do art. 32.º da Constituição Portuguesa consagra que os actos ou diligências processuais que afectem os direitos fundamentais têm de ser previamente autorizados ou ordenados pelo Juiz de Instrução Criminal. Todavia, o legislador ordinário prescreveu que, se o processo estiver na fase de inquérito [*i. e.*, para fins de repressão criminal], o Ministério Público tem competência para autorizar, devendo esta decisão ser comunicada ao Juiz de Instrução Criminal, que será, automaticamente, validada se aquele não proferir despacho de recusa no prazo de 72 H[24-25]. Parece-nos que estamos perante uma inconstitucionalidade material por violação do n.º 4 do art. 32.º da Constituição Portuguesa. A lei não devia admitir sequer a possibilidade de autorização do Ministério Público e, muito menos, admitir a autorização tácita do Juiz de Instrução Criminal, caso este não recuse, por despacho, o recurso ao agente infiltrado.

A terceira questão a aflorar respeita à impossibilidade por inadmissibilidade legal de utilização do agente provocador, que não só informa o crime, como também o forma e cria o criminoso porque o leva a praticar um determinado crime. A vontade do agente do crime encontra-se viciada *ab initio*, porque não emerge de uma formação livre e isenta de influência, o que pode gerar um delito impossível por ausência de culpabilidade – pois não se verifica a existência de

---

Espanha, como nos dá conta ALONSO PERÉZ, só os elementos das polícias que exercem funções de polícia judiciária é que deviam poder ser agentes infiltrados. Cfr. ALONSO PERÉZ, F., *Médios de Investigación*…, 2.ª Edición, 2003, pp. 558-559.

[24] Cfr. n.º 3 do art. 3.º da Lei n.º 101/2001, de 25 de Agosto. Quanto a este assunto, GUEDES VALENTE, M. M., *Teoria Geral*… – Tomo I, pp. 308-310. No mesmo sentido por afectar o direito fundamental da reserva da intimidade da vida privada, ALONSO PERÉZ, F., *Médios de Investigación*…, 2.ª Edición, p. 558.

[25] Para fins de prevenção criminal, a infiltração de um elemento numa rede criminosa carece de requerimento do Ministério Público do Departamento Central de Investigação e Acção Penal (DCIAP) ao Juiz de Instrução Criminal do Tribunal Central de Instrução Criminal, nos termos dos n.ºs 4 e 5 do art. 3.º da Lei n.º 101/ /2001, de 25 de Agosto.

dolo independente e autónomo[26]. Não obstante a dificuldade de obtenção de provas pessoais e reais do crime organizado, um Estado de direito e democrático – em que assenta na ideia de tolerância e de reconhecimento da fragilidade da pessoa humana – não pode admitir que, em prol da eficácia e do alcance de segurança máxima, se preveja legalmente a figura do agente provocador, porque, como bem elucida G. MARQUES DA SILVA, "a ordem pública é mais perturbada com a violação das regras fundamentais da dignidade da pessoa humana e da rectidão da actuação judiciária, pilares fundamentais da sociedade democrática, do que pela não repressão de alguns crimes, por mais graves que sejam, pois são sempre muitos, porventura a maioria, os que não são punidos, por não descobertos, sejam quais forem os métodos de investigação". O agente provocador viola o princípio democrático[27] – preenchido pelo princípio da igualdade perante a lei penal – e o princípio da lealdade[28] – cujos operadores judiciários devem tê-lo como um pilar da justiça que desejam promover, porque o processo penal humanista e constitucionalizado lhes exige *fair trail*[29] – e gera uma actuação e provas ilícitas, sendo estas proibidas[30].

9. O recurso ao agente infiltrado está vinculado a quesitos especiais. Desde logo, se impõe que só se recorre a este meio ou técnica excepcional de investigação quando outros meios ou técnicas menos onerosas para o cidadão se demonstrarem inadequadas e

---

[26] Cfr. ALONSO PERÉZ, F., *Médios de Investigación...*, 2.ª Edición, p. 577.

[27] Quanto à violação do princípio democrático por parte do agente provocador, GUEDES VALENTE, M. M., *Teoria Geral ... –* Tomo I, pp. 296-298.

[28] Quanto à violação do princípio da lealdade por parte do agente provocador, GUEDES VALENTE, M. M., *Teoria Geral ... –* Tomo I, pp. 298-300.

[29] Neste sentido CLAUS ROXIN *apud* FIGUEIREDO DIAS, J., "Do princípio da «objectividade» ao princípio da «lealdade» do comportamento do Ministério Público no Processo Penal", *in Revista de Legislação e Jurisprudência*, Ano 128, n.º 3860, pp. 344-345.

[30] Cfr. art. 126.º do CPP e n.º 8 da Constituição.

incapazes de produzirem prova real e pessoal ou quando a complexidade ou a alta e especialíssima gravidade do crime – como é caso do crime organizado – for de modo a impossibilitar a recolha e produção de prova e, consequentemente, da verdade material e judicialmente válida. O recurso ao agente infiltrado tem de preencher o princípio da indispensabilidade e da impossibilidade objectiva de alcançar as provas e a verdade por outro meio menos oneroso.

Mas, não basta. É necessário que a acção infiltrada se mostre adequada à prevenção e à repressão criminal e, por isso, à descoberta da prova material e da verdade. Deve ela ser proporcional aos fins e à gravidade do crime que se está a prevenir ou a investigar. Acresce que o agente infiltrado não responde apenas pela prática de actos preparatórios ou de execução, desde que não seja sob a forma da instigação ou da autoria mediata e desde que guarde a devida proporcionalidade com a finalidade da acção infiltrada[31]. Desta feita se impõe que a acção infiltrada seja totalmente jurisdicionalizada para uma tutela efectiva dos direitos fundamentais pessoais do cidadão.

A barreira entre o agente infiltrado e o agente provocador é extremamente ténue. Os vértices tocam-se e a separação de um campo do outro depende em muito da formação ética, cívica, profissional e pessoal do agente, mais do que da formação técnica e científica. Deve ser e ter a consciência de que é o primeiro baluarte da defesa e da garantia dos direitos e liberdades dos cidadãos. Neste sentido, ninguém deve ser obrigado a infiltra-se numa rede de crime organizado e a ser infiltrado deve ser fiscalizado e controlado de modo a evitar possíveis desvios – caso pratique crimes ou instigue ou provoque as situações criminosas – e a evitar tentações face ao mundo em que entra e no qual vai viver: onde o dinheiro avulta e vive com o crime. A técnica do agente infiltrado deve ser a última das técnicas de investigação.

---

[31] Quanto à irresponsabilidade do agente infiltrado, GUEDES VALENTE, M. M., *Teoria Geral...* – Tomo I, pp.313-315. Cfr. art. 6.º da Lei n.º 101/2001, de 25 de Agosto. Na mesma linha, o regime de Espanha e ALONSO PERÉZ, F., *Médios de Investigación...*, 2.ª Edición, pp. 573-576.

IV
Intervenção nas comunicações

10. A investigação criminal no âmbito do crime organizado detém outro meio de obtenção de prova e de descoberta da verdade sofisticado e que devia ter sido utilizado muito excepcionalmente – a intercepção de comunicações [telefónica, correio electrónica ou outra forma de transmissão de dados por via telemática, entre presentes]. Actualmente a intercepção de comunicações não se esgota no panorama da designada escuta telefónica, pois o regime deste meio de obtenção de prova e de descoberta da verdade aplica-se a outras formas de conversação ou comunicação[32]. Esta técnica ou meio de investigação criminal afecta direitos fundamentais pessoais – *v. g.*, directamente a reserva da intimidade da vida privada, a palavra e a inviolabilidade das comunicações, e indirectamente a honra e a imagem dos visados[33].

Ao longo dos últimos anos verificou-se um excesso de intercepções de comunicações e respectiva gravação das comunicações. Os operadores judiciários sempre que o delito fundamento da diligência se enquadrasse no catálogo de crimes que admite as intercepções e gravações de comunicações, não optava por esgotar outros meios de obtenção de prova ou técnica de investigação, mas, recorria ao meio mais fácil e eficaz: à escuta telefónica[34]. Refira-se, desde já, que, a escuta telefónica apenas serve para obter prova, pois não é por si só uma prova.

---

[32] Cfr. art. 189. .º do CPP.

[33] Quanto a este assunto GUEDES VALENTE, M. M., *Escutas Telefónicas...*, pp. 98-105 e COSTA ANDRADE, M., *Sobre os Meios Proibidos de Prova em Processo Penal*, Coimbra Editora, 1992, pp. 47, 70 e 189; FARIA COSTA, J., *Direito Penal da Comunicação*, Coimbra Editora, Coimbra, 1998, p. 157.

[34] Quanto a esta crítica GUEDES VALENTE, M. M., *Escutas Telefónicas – Da Excepcionalidade à Vulgaridade*, Almedina, Coimbra, 2004 e MATA-MOUROS, F., *Sob Escuta*, Principia, S. João do Estoril, 2003.

O catálogo de crimes que admite a escuta telefónica engloba os crimes mais praticados pelo crime organizado – tráfico de droga, de armas, de seres humanos, pornografia infantil, corrupção, branqueamento, contrabando, evasão fiscal, redes de furto de veículos e exportação ilícita, roubos (etc.). O legislador prescreveu outros quesitos que não se esgotam no catálogo de crimes sobre que incidem as intercepções comunicações. Ora vejamos pequenos aspectos da alteração legislativa de 2007.

11. O recurso à intercepção de comunicações – seja telefónica, seja electrónica, telemática ou presencial – só é [só deveria ser] possível com autorização ou ordem judicial, *i. e.*, do Juiz de Instrução Criminal e para fins de natureza criminal[35], pois não são admitidas intercepções de comunicações para fins de recolha de informações de segurança por parte dos serviços de Informações da República Portuguesa. A técnica da intercepção de comunicações é, *ab initio ad finem*, jurisdicionalizada, o que não acontece com os dois casos anteriormente falados, em que a tutela jurisdicional pode não se verificar em todo o processo.

Em segundo lugar, a intercepção da comunicação obedece ao princípio da indispensabilidade do recurso ao meio ou técnica para se descobrir a verdade, *i. e.*, ter-se-á de provar que sem a intercepção da comunicação a verdade não se obterá[36]. Adite-se, ainda, que o recurso à intercepção de comunicações só é admissível se se provar que a obtenção da prova é impossível ou muito difícil por outro meio ou técnica de investigação criminal[37]. O legislador impõe aqui

---

[35] Cfr. n.º 4 do art. 34.º da Constituição Portuguesa e art. 187.º n.º 1 e 189.º do CPP. Quanto a este assunto GUEDES VALENTE, M. M., *Escutas Telefónicas...*, pp. 18-22.

[36] O prescrito com a reforma de 2007 segue de perto as opiniões por nós expressas no *Escutas Telefónicas...*, pp. 49-77. Cfr. n.º 1 do art. 187.º do CPP.

[37] Cfr. n.º 1 do art. 187.º do CPP.

A *investigação do crime organizado* | 177

a verificação do princípio da subsidiariedade ascendente, cuja gradação de maior afectação de direitos fundamentais pessoais implica o esgotamento do nível inferior de menor afectação[38].

Em terceiro lugar, limitou-se a intercepção de comunicações ao suspeito ou arguido, a pessoas que sirvam de intermediário na prossecução da actividade criminosa, à vítima de crime de ofensa à sua reputação e imagem desde que consinta[39]. Do mesmo modo se prescreveu um prazo máximo de duração da intercepção – três meses –, o que poderá permitir um melhor controlo jurisdicional, e prazos de controlo judiciário do Ministério Público – 15 em 15 dias[40].

Em quarto lugar, o legislador procurou resolver a problemática dos conhecimentos ocasionais ou fortuitos ao submeter a valoração dos mesmos à indispensabilidade desse mesmo conhecimento para a prova do processo já instaurado ou a instaurar e se esse conhecimento resultar da comunicação entre as pessoas sobre as quais pode recair a intercepção da comunicação [arguido, suspeito, intermediário, vítima]. Não só não resolveu de todo o problema, como abriu a porta para à possibilidade do conhecimento ocasional funcionar como base de um auto notícia. Esta solução do auto de notícia de um crime pode ser perversa por poder contribuir para legalizar acesso a factos, mesmo que constituam crime, por meio de uma intercepção que jamais poderia ser feita por o crime em causa não ser um dos crimes que admite a escuta telefónica. Poder-se-á promover a actividade investigatória de forma ilegal sob um véu de aparente legalidade.

Temos defendido que os conhecimentos ocasionais só devem ser valorados se o mesmo se destinar a esclarecer um dos crimes do

---

[38] Cfr. GUEDES VALENTE, M. M., *Escutas Telefónicas...*, pp. 55 e 63-69. Neste mesmo sentido de excepcionalidade e de especialidade do meio de obtenção de prova das escutas telefónicas, ALONSO PERÉZ, F., *Médios de Investigación...*, 2.ª Edición, pp. 400-455.

[39] Cfr. n.º 4 do art. 187.º do CPP.

[40] Cfr. n.º 6 do art. 187.º e n.º 3 do art. 188.º do CPP.

catálogo, desde que o agente do mesmo seja o arguido ou o suspeito ou um terceiro que tenha participado (e não falado) na comunicação, desde que se mostrem indispensáveis e necessário àquele esclarecimento e desde que, face a um juízo de "hipotética repetição da intromissão" *[estado de necessidade investigatório]*, se verifique uma probabilidade qualificada de que, em aquele processo autónomo, se recorreria à intercepção da comunicação por se mostrar indispensável para a descoberta da verdade ou se mostrar impossível de obter a prova ou de ser muito difícil de a obter por outro meio, e, ainda, desde que fosse, de imediato, comunicado ao juiz esse conhecimento.

Acresce referir que os quesitos de valoração dos conhecimentos ocasionais devem-se verificar cumulativamente. Defendemos a proibição de valoração de conhecimento ocasional de crimes não pertencentes ao catálogo e, ainda, que se deve valorar o conhecimento dos crimes de actividade ou finalidade do crime catálogo – *v. g.*, associação criminosa, terrorismo – que legitimou a escuta, por preencherem o processo histórico do crime que deu origem à intercepção, desde que se verifiquem os quesitos da indispensabilidade de esclarecerem esse tipo legal de crime e desde que se verifique a probabilidade qualificada de recurso à intercepção da comunicação para obtenção desse conhecimento[41].

O registo de voz (*off*) e de imagem[42], aprovado como meio de obtenção de prova no âmbito da criminalidade económico-financeira pelo art. 6.º da Lei n.º 5/2002, de 11 de Janeiro[43], carece de

---

[41] Cfr. esta nossa posição em GUEDES VALENTE, M. M., *Conhecimentos Fortuitos – A Busca de um Equilíbrio Apuleiano*, Almedina, Coimbra, 2006, PP. 132--134.

[42] Quanto ao registo de voz (*off*) e de imagem, MATA-MOUROS, F., *Sob Escuta*, pp. 62-64 e GUEDES VALENTE, M. M., *Escutas Telefónicas...*, pp. 77-79.

[43] Este meio de obtenção de prova pode ser utilizado no âmbito do crime organizado quanto às tipologias tráfico de armas, corrupção passiva, peculato, tráfico e viciação de veículos furtados, lenocínio e lenocínio e tráfico de menores, contrafacção de moeda e de títulos equiparados a moeda, terrorismo e organizações terroristas. Cfr. n.º 1 do art. 1.º da Lei n.º 5/2002, de 11 de Janeiro.

autorização judicial a requerimento do Ministério Público ou de Autoridade de Polícia Criminal ou de ordem (*ex officio*) do Juiz. Os princípios constitucionais e processuais, dos quais se destaca a indispensabilidade de recurso a este meio de obtenção de prova, e as finalidades do processo[44] de investigação – descoberta da verdade material judicialmente válida, realização da justiça, defesa dos direitos fundamentais dos cidadãos e o alcance da paz jurídica – devem ser a linha de orientação e fundamentação dos que requerem e dos que autorizam e diligência em causa, porque é um meio que afecta, directamente, os direitos à palavra falada e à imagem, assim como o direito da reserva da intimidade da vida privada e familiar.

V

A complexidade do crime organizado
e a necessidade da cooperação supranacional

12. O crime organizado não esgota a acção criminosa num espaço reduzido de um Estado. Os seus tentáculos espalham-se por vários Estados ligados por terra ou por mar. A investigação do crime organizado, não obstante as várias convenções de cooperação judiciária em matéria penal e o princípio da universalidade do direito penal em determinadas matérias – incluindo muitas das que englobam o crime organizado –, tem tido, como uma das limitações duradouras, a resistência a desigualdades conceptuais e processuais em matéria penal entre os vários Estados. A soberania penal, de que muitos dos Estados se arrogam e orgulham deter[45], tem sido o principal obstá-

---

[44] Quanto às finalidades do processo que se manifestam fortemente na investigação criminal, FIGUEIREDO DIAS, J., *Direito Processual Penal*, Reimpressão da 1.ª Edição, Coimbra Editora, Coimbra, 2004, pp. 40-50.

[45] A soberania penal de BECCARIA hoje não existe, pois a ideia de que só ao soberano da nação cabe criar o direito penal do seu reino caiu com a europeização e a internacionalização do direito penal, emergente da ideia da supranacionalidade da

culo à prevenção e luta contra uma das realidades mais preocupantes da globalização económica, que gerou fenómenos criminais globais que necessitam de respostas penais e processuais globais – melhor, que necessitam de uma política criminal global.

A opção por deixar claro que, no plano processual e no que se refere às últimas decisões quadro de cooperação judiciária e policial em matéria penal, o direito processual de execução das medidas ou dos meios de obtenção de prova e de prevenção e repressão da criminalidade organizada é o do Estado de execução da diligência de investigação criminal, permitiu dar um avanço na materialização da cooperação judiciária e policial em matéria penal no seio da União Europeia. A par desta opção político-legislativa, o princípio do reconhecimento mútuo instituído como a pedra angular da constru-ção do espaço da União abre portas à instituição do espaço penal europeu com uma melhor cooperação judiciária horizontal de Esta-do-membro para Estado-membro.

A queda da intervenção política no plano da cooperação penal entre os Estados-membros permite um contacto directo e um melhor conhecimento e uma cooperação mais célere. Todavia, as autoridades judiciárias e policiais dos Estados-membros não podem executar qualquer pedido de auxílio sem que primeiro afiram da sua confor-midade com a Convenção Europeia dos Direitos do Homem, sob pena do Estado-membro de execução da diligência investigatória – independentemente de ser crime organizado ou não – ser responsabi-lizado por ricochete por a decisão da autoridade judiciária de emis-são não ter respeitado a CEDH, à qual todos os Estados-membros estão vinculados – conforme art. 6.º do TUE.

---

tutela dos bens jurídicos individuais e supraindividuais. Quanto a esta teorização do Conde de Beccaria, CESARE BECCARIA, «Brevi Riflesssioni intorno al Códice generale sopra i delitti e le pene per Cio che riguarda i delitti politici", *in* CESARE BECCARIA, *Opere*, a cura di S. ROMAGNOLI, Firenzi, 1971, p. 713.

13. O princípio do reconhecimento mútuo das decisões ou de despachos da autoridade judiciária de emissão [*p. e.*, de apreensão de provas e congelamento de bens] releva com a ausência da verificação da dupla incriminação da infracção motivadora do pedido de diligência e com o princípio da confiança mútua. Contudo, não basta este esforço dos Estados-membros. O caminho passa pela harmonização das legislações penais e processuais penais de modo a evitar as desigualdades nas tipologias criminais, nos elementos objectivos e subjectivos do tipo, nas consequências jurídicas do crime [qualidade e quantidade], nas condições de punibilidade [das causas de justificação, de exculpação e de atenuação], nos meios de investigação criminal, nas medidas de coacção, na competência das autoridades judiciárias e policiais envolvidas no processo crime, nas garantias jurídicas de acesso à justiça penal [*p. e.*, a um novo julgamento].

Estes são alguns dos pontos críticos que afectam a igualdade de exercício de direitos, liberdades e garantias penais e processuais penais e que geram, consequentemente, desconfiança[46] e dificuldades de cooperação na prossecução de investigação criminal. Ao princípio do reconhecimento mútuo das decisões judiciárias, da harmonização, da confiança mútua e da ausência da dupla incriminação, acresce agora a aplicação do princípio da disponibilidade dos dados de informação e de investigação criminal e de aplicação da lei[47].

14. A prevenção e a luta contra a delinquência organizada são uma das dez prioridades do programa de Haya[48], que tem como

---

[46] Quanto a estes problemas todos GUEDES VALENTE, M. M., *Do Mandado de Detenção Europeu*, Almedina, Coimbra, 2006 e MIRANDA RODRIGUES, A., "A Emergência de um «Direito Penal Europeu»: Questões Urgentes de Política Criminal", *in Revista Estratégica – Instituto de Estudos Estratégicos e Internacionais*, n.ᵒˢ 18-19, 1.º e 2.º Semestres, 2003.

[47] Cfr. *Informe sobre la Ejecución del Programa de La Haya en el año 2005*, COM(2006) 333 final, p. 8.

[48] Cfr. *Programa de La Haya: Diez prioridades para los próximos cinco años – Una asociación para la renovación Europea en el ámbito de la libertad, la seguridad y la Justicia*, COM (2005) 184 final, pp. 7 e 11.

meta o desenvolvimento e a aplicação de "um conceito estratégico em materia de luta contra a criminalidade organizada na UE", devendo a Comissão apresentar medidas destinadas a melhorar o conhecimento do fenómeno e a consolidar **a prevenção, a investigação e a cooperação** relativas à criminalidade organizada na UE, por meio de uma Comunicação intitulada «Deselvolvimento de um Conceito Estratégico para Fazer Frente à Criminalidade Organizada"[49].

Não obstante as dificuldades, entre as autoridades judiciárias e policiais entre os Estados-membros reina a expectativa de que há consciência de que não basta a harmonização penal substantiva, pois esta dependerá muito da harmonização processual penal, onde se insere a investigação criminal do crime organizado. Poder-se-á afirmar que as novas formas de cooperação no âmbito da investigação criminal – *v. g.*, as equipas de investigação conjuntas – têm demonstrado que a opção pelo direito do Estado-membro de execução dá aos cidadãos uma maior e mais eficaz segurança jurídica.

15. A consciência da rede supranacional do crime organizado impõe-nos uma investigação criminal supranacional ou transnacional, o que implica a cooperação entre os vários actores judiciários penais dos vários Estados-membros. Mas, esta cooperação não pode ser feita com prejuízo e aniquilação dos direitos, liberdades e garantias fundamentais[50] – património da humanidade. Estes são o funda-

---

[49] Cfr. *Programa de La Haya...*, COM (2005) 184 final, p. 11. Neste programa se pode ler que a "lucha contra la delincuencia organizada exige mejorar la cooperación entre los servicios policiales, judiciales y aduaneros así como explotar plenamente y seguir desarrollando **Europol y Eurojust**. Una de las tareas más importantes pendientes en este ámbito es avanzar hacia un modelo europeo de investigación criminal para lo cual serán necesarios los esfuerzos compartidos de los Estados miembros y las instituciones y organismos de la UE.. La estrategia también debe incluir entre sus prioridades la intensificación de la cooperación con terceros países y organizaciones internacionales en lo que respecta a este problema".

[50] Neste mesmo sentido KAI AMBOS, "La internacionalización del Derecho penal y América Latina*, in El Derecho Penal ante la Globalización y el Terrorismo*, (Coord. MARIO G. LOSANO y F. MUÑOZ CONDE), Tirant lo Blanch, Valencia, 2004, p. 45.

mento e limite da investigação criminal de todo o tipo de crime, inclusive do crime organizado, sob pena de, vogelianamente falando, os direitos fundamentais serem "uma licença de retórica"[51].

Concluindo, afirmamos que a investigação do crime organizado deve reger-se pela inteligência e fundar-se nos princípios e valores próprios de uma sociedade assente na liberdade e na justiça. A justiça surgiu para afastar a violência [física e psicológica]. E o mais alto valor da justiça é, kantianamente escrevendo, a liberdade, que "o homem mais aprecia de grandeza, glória, amor, acima do próprio pão para a boca"[52].

Pinhal Novo, 20 de Janeiro de 2008

BIBLIOGRAFIA

ALONSO PERÉZ, F., *Médios de Investigación en el Proceso Penal*, 2.ª Edición, DyKinson, Madrid, 2003.

AQUILINO RIBEIRO, *Cinco Reis de Gente*, Bertrand editora, Lisboa.

ASENCIO MELADO, J. M., "La Libertad de Movimientos como derecho Fundamental", *in Derechos Procesales Fundamentales,* Manuales de Formación Continuada – 22, Madrid, 2004.

CESARE BECCARIA, «Brevi Riflesssioni intorno al Códice generale sopra i delitti e le pene per Cio che riguarda i delitti politici", *in* CESARE BECCARIA, *Opere*, a cura di S. ROMAGNOLI, Firenzi, 1971.

COSTA ANDRADE, M., *Sobre os Meios Proibidos de Prova em Processo Penal*, Coimbra Editora, 1992.

DELGADO MARTÍN, J., "La Orden de Detención Europea y los Procedimientos de Entrega entre Los Estados Miembros de la Unión Europea", *in Derecho Penal Supranacional y Cooperación Jurídica Internacional*, Cuadernos de Derecho Judicial, Madrid, XIII, 2003.

---

[51] Cfr. JOACHIM VOGEL, "Política Criminal y Dogmática Penal Europeas", (trad. para lo español de AFÁN NIETO MARTÍN), *in Revista Penal*, n.º 11, 2002, p. 146.

[52] AQUILINO RIBEIRO, *Cinco Reis de Gente*, Bertrand Editora, Lisboa, p. 95.

FARIA COSTA, J., *Direito Penal da Comunicação*, Coimbra Editora, Coimbra, 1998.

FIGUEIREDO DIAS, J., *Direito Processual Penal*, Reimpressão da 1.ª Edição, Coimbra Editora, Coimbra, 2004.

—, "Do princípio da «objectividade» ao princípio da «lealdade» do comportamento do Ministério Público no Processo Penal", *in Revista de Legislação e Jurisprudência*, Ano 128, n.º 3860.

GOMES CANOTILHO, J. J. e VITAL MOREIRA, *Constituição da República Portuguesa Anotada*, 3. .ª Edição, Coimbra Editora, Coimbra, 1993.

GUEDES VALENTE, M. M., *Do Mandado de Detenção Europeu*, Almedina, Coimbra, 2006.

—, *Conhecimentos Fortuitos – A Busca de um Equilíbrio Apuleiano*, Almedina, Coimbra, 2006.

—, *Escutas Telefónicas – Da Excepcionalidade à Vulgaridade*, Almedina, Coimbra, 2004.

—, *Revistas e Buscas*, 2.ª Edição, Almedina, Coimbra, 2005.

—, *Teoria Geral do Direito Policial* – Tomo I, Almedina, Coimbra, 2005.

ISABEL ONETO, *O Agente Infiltrado*, Coimbra Editora, 2005.

JOACHIM VOGEL, "Política Criminal y Dogmática Penal Europeas", (trad. para lo español de AFÁN NIETO MARTÍN), *in Revista Penal*, n.º 11, 2002.

KAI AMBOS, "La internacionalización del Derecho penal y América Latina", *in El Derecho Penal ante la Globalización y el Terrorismo*, (Coord. MARIO G. LOSANO y F. MUÑOZ CONDE), Tirant lo Blanch, Valencia, 2004.

LUIGI FERRAJOLI, *Derecho y Razon*, Editorial Trotta, Madrid, 2005.

MARQUES DA SILVA, G., *Ética Policial e Sociedade Democrática*, Ed. ISCPSI, Lisboa, 2001.

MATA-MOUROS, F., *Sob Escuta*, Principia, S. João do Estoril, 2003.

MIRANDA RODRIGUES, A., "A Emergência de um «Direito Penal Europeu»: Questões Urgentes de Política Criminal", *in Revista Estratégica – Instituto de Estudos Estratégicos e Internacionais*, n.ºs 18-19, 1.º e 2.º Semestres, 2003.

Programa de La Haya: Diez prioridades para los próximos cinco años – Una asociación para la renovación Europea en el ámbito de la libertad, la seguridad y la Justicia, COM (2005) 184 final.

REINHOLD ZIPPELIUS, *Teoria Geral do Estado*, 3.ª Edição, Fundação Calouste Gulbenkian, Lisboa, 1997.

SANS MULAS, N., "Justicia y Medios de Comunicación: Un Conflicto Permanente", *in Derecho Penal de la Democracia vs Seguridad Pública*, (Coord. I. B. GOMEZ DE LA TORRE y N. S. MULAS), Comares Editorial, Granada, 2005.

WINFRIED HASSEMER, *A Segurança Pública num Estado de Direito*, AAFDL, Lisboa, 1995.

EL AGENTE INFILTRADO EN ESPAÑA Y PORTUGAL
Estudio comparado a la luz de las garantías
y de los principios constitucionales [1]

ADÁN CARRIZO GONZALEZ-CASTELL

Vice-Decano e Professsor da Faculdade
de Direito da Universidade de Salamanca
Professor da Escola da Polícia Nacional – Ávila

I

Introducción

El recurso a la utilización del agente infiltrado para la investigación de determinados delitos es algo que ha sido naturalmente admitido por la práctica totalidad de los ordenamientos jurídicos ya que, a pesar de tratarse de una técnica claramente restrictiva de derechos fundamentales, tal y como tendremos ocasión de analizar a lo largo de nuestro trabajo. es considerada necesaria para luchar contra un tipo de criminalidad cada vez más desarrollada y sofisticada, y fruto de la actual sociedad globalizada, en la mayoría de los casos de carácter transnacional, lo que sin duda justificó su inclusión entre las

---

[1] El presente trabajo se integra dentro del Proyecto de Investigación "Hacia un proceso penal europeo: líneas de actuación", (SA051-A07 BOCYL de 5 de julio de 2007) del que es Investigadora Principal la Dra. D.ª Maria del Carmen Calvo Sánchez, Catedrática de Derecho Procesal de la Universidad de Salamanca y es fruto de la estancia de investigación realizada en el verano de 2008 en el Instituto Superior de Ciências Policiais y Seguridad Interna de Lisboa (Portugal) bajo la tutela del Prof. Manuel Monteiro Guedes Valente, Director del Centro de Investigación del ISCPSI, al que en estas líneas deseo agradecer las facilidades y la colaboración que me brindo en todo momento.

técnicas especificas de asistencia judicial previstas en Convenio de Asistencia Judicial en materia penal entre los Estados miembros de la Unión Europea, de 29 de mayo de 2000, que en su artículo 14 define lo que ha de entenderse por investigación encubierta al señalar que el Estado miembro requirente y el Estado miembro requerido podrán convenir en colaborar para la realización de investigaciones de actividades delictivas por parte de agentes que actúen infiltrados o con una identidad falsa.

Pese a ello, es decir, pese a estar generalmente admitida por la mayoría de los Estados de nuestro entorno y ser reconocida en un instrumento normativo de carácter vinculante para los Estados miembros de la Unión Europea, lo cierto es que no encontramos un concepto unitario que nos sirva para definir que podemos entender por agente infiltrado, siendo múltiples, diversas y variadas las regulaciones que sobre esta figura existen[2].

Pretendemos a lo largo del presente trabajo realizar un estudio comparado de las legislaciones portuguesa y española que nos permita llegar a una serie de conclusiones críticas sobre la idoneidad de esta figura y sobre si la utilización de la misma resulta o no compatible con los derechos fundamentales y con los principios y garantías que inspiran nuestro sistemas procesales.

II

Concepto y normativa reguladora

Como primera aproximación a esta figura, que posteriormente desarrollaremos diferenciándolas de otras figuras afines con las que

---

[2] Para un análisis más detallado de estas diferentes regulaciones que van desde las que se realizan con cierta amplitud hasta aquellos supuestos en los que no existiendo norma legal la infiltración policial ha sido admitida por la Jurisprudencia pueden verse los trabajos de GASCÓN INCHAUSTI, F., *Infiltración policial y agente encubierto*, Editorial Comares, Granada, 2001, pp. 32-87 y de DELGADO GARCÍA, M. D., "El agente encubierto: técnicas de investigación. Problemática y legislación comparada", en *La criminalidad organizada ante la Justicia* (GUTIERREZ-ALVIZ CONRADI, F., coord.), Universidad de Sevilla, Sevilla, 1996.

podría guardar cierta similitud, diremos que la característica fundamental de la infiltración consiste en la ocultación de la verdadera
identidad del sujeto, que adopta una nueva identidad ficticia con el
objetivo fundamental de establecer una relación de confianza e
intimidad con los presuntos delincuentes que le permita obtener
información que sirva para la persecución penal de los mismos[3].

---

[3] Se trata como afirma GOMEZ DE LIAÑO FONSECA-HERRERO, M., *Criminalidad organizada y medios extraordinarios de investigación*, Colex, Madrid, 2004, p.
131, de una figura de grandes complejidades no sólo técnicas, sino también
prácticas, de la que resulta conveniente acotar sus líneas características para diferen-
ciarla de otras figuras afines. Sobre la figura del agente encubierto en España
pueden consultarse los trabajos de ALONSO PÉREZ, F., "La figura del agente
encubierto", en *Revista de Documentación del Ministerio del Interior*, núm. 9,
octubre-diciembre 2002, pp. 9-24; CARMONA SALGADO, C., La circulación y
entrega vigilada de drogas y el agente encubierto en el marco de la criminalidad
organizada sobre narcotráfico, en Estudios jurídico-penales y políticos-criminales
sobre tráfico de drogas y figuras afines (Lorenzo Morillas Cueva, coordinador),
Dykinson, Madrid, 2003, pp. 165-197; DELGADO MARTÍN, J., "El proceso penal
ante la criminalidad organizada. El agente encubierto", *Actualidad Penal*, núm. 2,
2000; DELGADO MARTÍN, J., "El proceso penal ante la criminalidad organizada. El
agente encubierto", en *Problemas actuales de la Justicia Penal*, (Pico i Junoy,
Director), José M.ª Bosch, 2001, pp. 91-132; FERNÁNDEZ APARICIO, J. M., "El
delito provocado y el agente encubierto", en *Actualidad Penal*, núm. 44, noviem-
bre-diciembre 2002, pp. 1183-1197; GOMEZ DE LIAÑO FONSECA-HERRERO, M.,
"Límites y garantías procesales en la investigación mediante agentes encubiertos",
La Ley núm. 6142, noviembre 2004, pp. 1-6; GRANADOS PÉREZ, C., "Instrumento
procesal en la lucha contra el crimen organizado. Agente encubierto. Entrega
vigilada. El arrepentido. Protección de testigos. Posición de la jurisprudencia", en
Cuadernos de Derecho Judicial, núm. II, 2001, pp. 71-112; GUARIGLIA, F., "El
agente encubierto ¿un nuevo protagonista en el procedimiento penal?", en *Jueces
para la Democracia*, núm. 23, 1994, pp. 49-60; POZO PÉREZ, M "El agente
encubierto como medio de investigación procesal en el marco de la cooperación
jurídica internacional", *Constitución Europea: aspectos históricos, administrativos y
procesales*, Tórculo, Santiago Compostela, 2006, pp. 271-328; RIFÁ SOLER, J. M.,
"El agente encubierto o infiltrado en la nueva regulación de la Ley de Enjuiciamiento Criminal", en *Poder Judicial*, núm. 55, 1999, pp. 157-188; RIFÁ SOLER,
J. M., "La figura del infiltrado como sujeto de protección", en *La protección de
testigos y peritos en causas criminales. Jornadas Internacionales de Derecho Procesal,
Ponencias y comunicaciones*, CEDMA, Málaga, 2001, pp. 135-161; RODRÍGUEZ
FERNÁNDEZ, R., "Comentarios a la Ley Orgánica 5/1999: la entrega vigilada y el
agente encubierto", *Actualidad Jurídica Aranzadi*, núm. 380, marzo 1999, pp. 1-6;
SANZ DELGADO, E., "El agente provocador en el delito de tráfico de drogas", en

La regulación legal del agente infiltrado la encontramos en la Ley 101/2001, de 25 de agosto, de Régimen Jurídico de las acciones encubiertas para fines de prevención e investigación criminal, en adelante la Ley portuguesa, y en el artículo 282 bis de la Ley de Enjuiciamiento Criminal española de 1882, siendo esta la primera de las diferencias fundamentales que encontramos a la hora de analizar esta figura ya que, mientras que la regulación portuguesa se recoge en una concreta y específica norma legal, la española no es sino otro remiendo más de nuestra centenaria Ley procesal, una muestra más de la necesaria sustitución de la misma por una más moderna y actualizada.

También son diferentes los motivos que llevaron a la introducción de esta figura en las legislaciones española y portuguesa: ya que mientras que el artículo 282 bis de la Ley de Enjuiciamiento Criminal española fue introducido por la Ley Orgánica 5/1999 de 13 de enero, de modificación de la Ley de Enjuiciamiento Criminal en materia de perfeccionamiento de la acción investigadora relacionada con el tráfico ilegal de drogas y otras actividades ilícitas graves, cuya Exposición de Motivos señala que las reformas que incorpora parten de la insuficiencia de las técnicas de investigación tradicionales en la lucha contra este tipo de criminalidad organizada, sin embargo, la legislación portuguesa justifica la introducción de esta figura en un pretendido cumplimiento de las obligaciones internacionales derivadas de la firma por Portugal del Convenio de Asistencia Judicial en materia penal de 2000 al que ya antes hicimos referencia[4].

La Ley Penal: Revista de derecho penal, procesal y penitenciario, núm. 12, enero 2005, pp. 28-43, mientras que en Portugal deberían consultarse los trabajos de ALVES MEIREIS, M. A., *O Regime das Probas Obtidas pelo Agente Provocador em Processo Penal*, Editora Almedina, Coímbra, 1999; GONÇALVES, F., ALVES, M. J., GUEDES VALENTE, M. M., *O Novo Regime Jurídico do Agente Infiltrado*, Editorial Almedina, Coímbra, 2001; GONÇALVES, F., ALVES, M. J., GUEDES VALENTE, M. M., *Lei e Crime: O Agente Infiltrado versus o agente provocador. Os princípios do proceso penal*, Editorial Almedina, Coímbra, 2001; ONETO, I., *O Agente Infiltrado*, Coímbra Editora, Coímbra, 2005 y MARQUES DA SILVA, G., "Bufos, infiltrados, provocadores e arrependidos", en *Direito e Justiça*, Vol. VIII, Tomo 2, pp. 27-34.

[4] En este sentido ver las Declaraciones del Ministro de Justicia portugués recogidas en *DAR*, I Serie, n.º 99, de 22 de junio de 2001, p. 3865 con quien

En este sentido nos parece mucho más sincera la posición española, que reconoce la necesidad de introducir, en el ordenamiento jurídico, medidas legales especiales que permitan a los miembros de la Policía Judicial participar del entramado organizativo, detectar la comisión de delitos e informar sobre sus actividades, con el fin de obtener pruebas inculpatorias y proceder a la detención de los autores, respetando el fin del proceso penal que no es otro que el descubrimiento de la verdad real y la aplicación de la ley penal al caso concreto sin olvidar que los límites de las técnicas propuestas de investigación se encuentran en el sistema de derechos y garantías que la Constitución reconoce a todo imputado, ya que por más abyectas que sean las formas de delincuencia que se tratan de combatir, ello no justificaría la utilización de medios investigadores que puedan violentar garantías constitucionales.

Decimos que entendemos como más sincera esta afirmación por cuanto no nos resulta válida la explicación dada por el Ministro de Justicia portugués que justificaba la aprobación de la Ley 101/2001, de 25 de agosto, de Régimen Jurídico de las acciones encubiertas para fines de prevención e investigación criminal, en el sentido de que se debía a una obligación impuesta por el artículo 14 del Convenio de Asistencia Judicial en materia penal entre los Estados miembros de la Unión de la Europea, y esto es así por dos motivos fundamentalmente, uno de carácter sustantivo y otro de carácter formal.

El primero de ellos es que según señala el apartado tercero del artículo 14 del Convenio de asistencia de 2000, las investigaciones encubiertas se realizaran de conformidad con el Derecho y los procedimientos del Estado miembro en cuyo territorio se realicen, lo

---

coincidimos en el sentido de que la figura que se pretendía regular no era nueva para la legislación portuguesa por cuanto ya había sido objeto de cierta regulación a través del Decreto Ley 15/93, de 22 de enero, o de la Ley núm. 36/94, de 29 de septiembre, que dotaban de un cierto régimen jurídico al agente infiltrado, pero solo en el ámbito de la lucha contra el tráfico de sustancias estupefacientes y contra la criminalidad económica y financiera.

que significa que correspondería a la autoridad portuguesa tomar la decisión sobre si autoriza o no dicha forma de asistencia, ateniéndose a su Derecho interno y a los procedimientos nacionales; si realmente lo que se hubiese querido fuera cumplir este compromiso internacional no se habría procedido a la elaboración de una lista de delitos para los que se pueda recurrir a esta técnica ya que el artículo 14 no limita los supuestos delictivos respecto de los cuales puede solicitarse una investigación encubierta[5].

El segundo motivo en el que basamos nuestra opinión es el hecho de que también en el ya citado artículo 14 del Convenio de Asistencia de 2000, se recoge expresamente la posibilidad de establecer reservas sobre este extremo por parte de los Estados miembros que así lo consideren[6], en el sentido de que cualquier Estado miembro puede acordar que no colaborará en la realización de investigaciones encubiertas, ni en su territorio ni fuera de él, sin perjuicio de la posibilidad de retirar posteriormente dicha reserva en cualquier momento, opción que podría haber sido utilizada por Portugal si no fuera porque la regulación portuguesa responde, desde nuestro punto de vista, y aunque no haya querido reconocerse así,

---

[5] En este sentido se pronuncia el *Informe explicativo 2000/C 379/02 del Convenio, de 29 de mayo de 2000, relativo a la asistencia judicial en materia penal entre los Estados miembros de la Unión Europea, aprobado por el Consejo el 30 de noviembre de 2000, DOCE* C 379 de 29.12.2000.

[6] Dicha reserva, como el resto de las previstas en el Convenio deberá efectuarse por el Estado miembro interesado en el trámite de notificación de la conclusión de sus procedimientos constitucionales de adopción del Convenio, pudiendo retirarse en cualquier momento. Aparte de esta reserva total, que implicaría que el Estado miembro no colaboraría en la realización de investigaciones encubiertas, ni en su territorio ni fuera de él, existe, como afirma LOURIDO RICO, A. M., *La asistencia judicial en la Unión Europea*, Tirant lo Blanch, Valencia, 2004, p. 170, otra reserva, esta de carácter parcial, en virtud de la cual los Estados pueden declarar que no aceptarán la comunicación directa entre sus autoridades judiciales o centrales y las de otro Estado, que actúe como requirente, cuando la autoridad competente de ese último Estado sea una autoridad policial o aduanera o bien, que solo la aceptará supeditada a condición, que habrá de especificarse en la reserva.

más a una voluntad política de regular esta figura con carácter general que a una obligación impuesta por los compromisos internacionales adoptados en el marco de la Unión Europea y que como vemos, no sirven de base suficiente para justificar la aprobación de dicha Ley[7].

Otra diferencia fundamental, aparte de las referentes al ámbito de aplicación y a la autoridad competente para autorizar el recurso a esta figura que analizaremos en los siguientes apartados, es la que se refiere al sujeto activo de la infiltración, es decir, la determinación de quién puede ser autorizado para actuar como agente encubierto ya que mientras que en España esta posición solo puede ser ocupada por un funcionario de policía, con los matices que seguidamente expondremos, en Portugal, sin embargo, puede recurrirse no solo a los funcionarios de investigación criminal sino también a un tercero que actuaría bajo el control de la Polícia Judiciaria[8].

En este sentido, en España, solo podrá ser agente encubierto conforme al artículo 282 bis de la Ley de Enjuiciamiento Criminal un miembro de la Policía Judicial, si bien en este aspecto se plantea un problema derivado de la antigüedad de la ley procesal española, que data de finales del siglo XIX y en la que se entiende por Policía Judicial a un elenco demasiado grande de personas y grupos, motivo por el que nos parece más acertado optar por la definición contenida en el artículo 1 del Real Decreto 769/1987, de 19 de junio sobre regulación de la Policía Judicial, que dispone que las funciones generales de Policía Judicial corresponden a todos los miembros de

---

[7] Comparten esta opinión GONÇALVES, F., ALVES, M. J., GUEDES VALENTE, M. M., *O Novo Regime Jurídico do Agente Infiltrado*, Editorial Almedina, Coímbra, 2001, p. 12 al señalar que esta no fue la causa de la reforma pero que sin duda ayudó a dar fuerza a la misma.

[8] Para un análisis de los diferentes cuerpos policiales existentes en Portugal puede consultarse GUEDES VALENTE, M. M., "El sistema de seguridad interno portugués. Breve reflexión", (traducido por CARRIZO GONZÁLEZ-CASTELL, A.) en *Cuadernos de la Guardia Civil*, núm. 36, 2007, pp. 1-16.

las Fuerzas y Cuerpos de Seguridad, cualquiera que sea su naturaleza y dependencia, en la medida en que deben prestar la colaboración requerida por la autoridad judicial o el Ministerio Fiscal en actuaciones encaminadas a la averiguación de delitos o descubrimiento y aseguramiento de delincuentes, con estricta sujeción al ámbito de sus respectivas competencias, y que nos parece mucho más adecuada que la contenida en el artículo 283 de la Ley de Enjuiciamiento Criminal, que debería ser fruto de una profunda reforma, ya que conforme a una interpretación literal de la misma, cualquiera de los contenidos en dicho precepto podría actuar como agente encubierto[9].

Evidentemente, y en consonancia con la crítica hecha a la regulación española, que por antigua y obsoleta podría permitir que alguna persona que no esté lo suficientemente preparada actuara como agente infiltrado, no podemos aceptar que la regulación portuguesa permita que un tercero, no vinculado con ningún cuerpo policial, pueda desarrollar esta actividad, mucho menos cuando las personas utilizadas para este fin pueden ser incluso otros delincuentes o personas que tengan algún tipo de deuda con la justicia.

---

[9] En este sentido el artículo 283 de la Ley de Enjuiciamiento Criminal española señala que constituirán la Policía Judicial y serán auxiliares de los Jueces y Tribunales competentes en materia penal y del Ministerio fiscal, quedando obligados a seguir las instrucciones que de aquellas autoridades reciban a efectos de la investigación de los delitos y persecución de los delincuentes: a) las autoridades administrativas encargadas de la seguridad pública y de la persecución de todos los delitos o de algunos especiales; b) los empleados o subalternos de la policía de seguridad, cualquiera que sea su denominación; c) los Alcaldes, Tenientes de Alcalde y Alcaldes de Barrio; d) los Jefes, Oficiales e individuos de la Guardia Civil o de cualquier otra fuerza destinada a la persecución de malhechores; e) los Serenos, Celadores y cualesquiera otros agentes municipales de policía urbana o rural; f) los Guardas de montes, campos y sembrados, jurados o confirmados por la Administración; g) los funcionarios del Cuerpo especial de prisiones; h) los Agentes judiciales y los subalternos de los Tribunales y Juzgados; h) el personal dependiente de la Jefatura Central de Tráfico, encargado de la investigación técnica de los accidentes.

En este sentido compartimos la opinión de aquellos autores que insisten en la necesidad de que la persona que desarrolle estas funciones sea un profesional lo suficientemente preparado y que reúna una serie de cualidades excepcionales tanto en el plano operativo como en el plano ético, ya que si la ética de la utilización de este medio de investigación puede estar en algún momento en entredicho lo estará mucho más si quienes actúan como agente infiltrado proceden del mundo de la delincuencia y del crimen[10].

Este posible conflicto ético, aparte del evidente riesgo adicional que puede conllevar la actuación como agente infiltrado pensamos que son las razones que motivaron el que en ambas legislaciones se establezca la imposibilidad de que una persona pueda ser obligada a actuar como agente infiltrado[11].

---

[10] En este sentido GUEDES VALENTE, M. M., "La investigación del crimen organizado, entrada y registro en domicilios por la noche, el agente infiltrado y las intervenciones de las comunicaciones" en *Dos décadas de reformas penales* (coord.: SANZ MULAS, N.), Editorial Comares, Granada, 2008 (traducido del original portugués por CARRIZO GONZÁLEZ-CASTELL, A.), p. 186, quien señala que si el agente infiltrado es una técnica excepcional, no tiene sentido que el legislador deje abierta la posibilidad de que la Policía Judicial pueda infiltrar un tercero sin que tenga limitada la cualidad de ese tercero, debiendo, por ejemplo, prohibir que sean infiltrados individuos que estén cumpliendo pena de prisión, o que estén bajo investigación criminal y como atenuante de la pena.

[11] Ilustrativa de estos evidente riesgos, aunque en la ficción, resulta la excepcional película de Martin Scorsese, *The Departed* (2006), ganadora de cuatro Oscars de la Academia, entre ellos los de Mejor Película, Mejor Director y Mejor Guión, donde se pueden comprobar los constantes peligros a los que se enfrenta Billy Costigan (Leonardo DiCaprio) infiltrado en la banda del "mafioso" Jack Nicholson. Así deberán actuar como agentes encubiertos aquellos que voluntariamente quieran prestar dichos servicios y que, a su vez, reúnan una serie de cualidades, tales como una formación adecuada, con conocimientos jurídicos, técnicos o psicológicos, que permita velar por los aspectos de seguridad del agente. A dicha Conclusión se llegó durante el *Seminario Internacional sobre Agentes Encubiertos* organizado por el Consejo General del Poder Judicial en octubre de 1999. De esta opinión se muestra, POZO PÉREZ, M., "El agente encubierto como medio de investigación procesal en el ámbito de la cooperación internacional", *ob. cit.*, p. 302-304, donde se exponen las cualidades que debe tener un agente encubierto,

Por último, en esta aproximación al concepto de agente infiltrado, debemos diferenciarlo de otras figuras con las que pudiera guardar similitud como las del agente encubierto, el agente provocador o los arrepentidos.

En relación con la primera de las figuras, diremos que por agente encubierto entenderemos al agente de policía o un tercero concertado con aquel que, sin revelar su identidad o cualidad y sin ganarse la confianza de los posibles infractores frecuenta lugares conectados con el delito, es decir donde estos pueden cometerse con mayor frecuencia, con la finalidad de identificar la comisión de cualquier tipo de delito, sin restricción de ninguna clase, pudiendo detener en caso de que haya flagrancia[12].

Su nota característica es la pasividad, no realiza ninguna actividad y no necesita ganarse la confianza de los posibles delincuentes, no entra en la esfera de su intimidad personal o familiar limitándose tan solo a observar y actuar ante la comisión de un delito, por lo que no necesita ningún tipo de autorización judicial y su actuación es plenamente licita y admisible[13].

Sin embargo esta licitud y esta admisibilidad no puede ser igualmente predicada del agente provocador, figura absolutamente reprochable por cuanto que no solo informa del delito sino que también anima al criminal a cometerlo, por lo que consideramos que podría llegar a viciarse la voluntad del delincuente que no nace de una forma libre y espontánea sino que se ve animado a cometer el

---

a la luz de la práctica del FBI estadounidense y de los servicios de policía británicos a la vez que se debate sobre la conveniencia o no de crear una unidad específica de potenciales agentes infiltrados.

[12] En este sentido puede consultarse GUEDES VALENTE, M. M., "La investigación del crimen organizado, entrada y registro en domicilios por la noche, el agente infiltrado y las intervenciones de las comunicaciones" en *ob. cit.,* p. 185 y del mismo autor GUEDES VALENTE, M. M., *Teoria Geral do Direito Policial,* Tomo I, Editorial Almedina, 2005, p. 301.

[13] En este sentido puede consultarse ALVES MEIREIS, M. A., *O Regime das Probas Obtidas pelo Agente Provocador em Processo Penal*, ob. cit., pp. 192 y 193.

delito; no sabemos si el delincuente habría finalmente cometido el delito o no, y condenar a alguien por un hecho que le hemos incitado a realizar, sin tener la absoluta certeza de que lo hubiera llevado a cabo igualmente, es algo absolutamente intolerable en un Estado de Derecho, que no puede permitir que en beneficio de la eficacia y de la consecución de la seguridad se dé cobertura legal a esta figura[14].

Tampoco está permitido en España el recurso a la figura del agente provocador, tal y como se deduce del apartado 5 del artículo 282 bis de la Ley de Enjuiciamiento Criminal, donde se recoge la cláusula de exención de responsabilidad criminal según la cual el agente encubierto estará exento de responsabilidad criminal por aquellas actuaciones que sean consecuencia necesaria del desarrollo de la investigación, siempre que guarden la debida proporcionalidad con la finalidad de la misma y no constituyan una provocación al delito, entendiéndose en España por delito provocado aquel que

---

[14] De esta opinión se muestra MARQUÉS DA SILVA, G., *Ética policial e sociedade democrática*, ISCPSI, Lisboa, 2001, p. 68 al afirmar que la provocación causando el crimen es inaceptable como método de investigación criminal, pues no es que descubra el delito y al delincuente sino que los crea, debiendo valorarse que el orden público se vulnera más por la violación de las reglas fundamentales de la dignidad y de la rectitud, pilares fundamentales de la sociedad democrática que por la impunidad de algunos delitos. En el mismo sentido se ha pronunciado tanto el Tribunal Constitucional portugués que, en Ac. TC n.º. 578/98, señaló que lo que verdaderamente importante para asegurar la legitimidad del agente infiltrado era que el funcionario de investigación criminal no indujera o instigase al sujeto a la práctica de un delito que de otro modo no practicaría o que no estuviese ya dispuesto a practicar, sino que se limite a ganar su confianza para observar y recoger informaciones al respecto de las actividades delictivas de las que es sospechoso". Resulta ilustrativo de este quehacer inductivo o instigador el Ac. STJ de 15 de enero de 1997 recogido y sabiamente analizado por GUEDES VALENTE, M. M., *Teoría Geral do Direito Policial*, ob. cit., p. 290-291, donde también hace referencia a la Sentencia del Tribunal Europeo de Derechos Humanos en el caso Teixeira de Castro contra Portugal, de 9 de junio de 1998 que acabó con la condena del Estado portugués por considerar que en ese caso los agentes actuaron como provocadores y no como infiltrados.

llega a realizarse en virtud de la inducción engañosa de una determinada persona, generalmente miembro de las fuerzas de seguridad que, deseando la detención de sospechosos, incita a perpetrar la infracción a quien no tenía previamente tal propósito, originando así el nacimiento de una voluntad criminal en un supuesto concreto, delito que de no ser por tal provocación no se hubiere producido[15].

Con respecto a la figura de los confidentes policiales y de los arrepentidos, debemos señalar que en estos casos la infiltración no descansa en una identidad ficticia, como en el caso de los agentes infiltrados, sino sólo en la ocultación de la verdadera finalidad pretendida con lo averiguado, toda vez que la identidad real habilita por sí misma la confianza que el círculo delictivo tiene respecto del confidente y arrepentido, que también serán delincuentes en la mayoría de los casos y que negocian su posible responsabilidad criminal a cambio de su colaboración con la justicia[16].

---

[15] En este sentido se pronuncia la Sentencia del Tribunal Supremo 53/1997, de 21 de enero. Sobre este tema ver LÓPEZ GARCÍA, E. M., "Agente encubierto y agente provocador ¿dos figuras incompatibles?", en *La Ley*, núm. 5822, de 11 de julio de 2003; MONTON GARCIA, M. L., "Agente provocador y agente encubierto: ordenemos conceptos", en *La Ley*, núm. 4826 de 25 de junio de 1999; PÉREZ ARROYO, M. R., "La provocación de la prueba, el agente provocador y el agente encubierto: la validez de la provocación de la prueba y del delito en la lucha contra la criminalidad organizada desde el sistema de pruebas prohibidas en el Derecho penal y procesal penal", *La Ley*, 2000-1, pp. 1765-1797; RUIZ ANTÓN, L. F., "Del agente provocador y del delito provocado", en *Problemas de autoría*, Cuadernos de Derecho Judicial, Consejo General del Poder Judicial, Madrid, 1994, pp. 335 y ss.; RUIZ ANTÓN, L. F., *El agente provocador en el Derecho Penal*, EDERSA, Fuenlabrada, 1982 y GARCÍA VALDES, C., "Dos aspectos de la represión penal del tráfico de drogas: la teoría del agente provocador y del delito provocado y el blanqueo del dinero procedente del delito", en *Delitos contra la salud pública*, Cuadernos de Derecho Judicial, Consejo General del Poder Judicial, Madrid, 1993, pp. 237 y ss.

[16] En este sentido ver GOMEZ DE LIAÑO FONSECA-HERRERO, M., *Criminalidad organizada y medios extraordinarios de investigación*, Colex, ob. cit., p. 125. Para una aproximación a estas figuras en la legislación española y portuguesa puede consultarse MARQUES DA SILVA, G., "Bufos, infiltrados, provocadores e arrependidos", en *ob. cit.*, p. 32, quien se muestra especialmente crítico con el hecho de que

III

Ámbito de aplicación

En el artículo 282 bis de la Ley de Enjuiciamiento Criminal española, aparte de proporcionarse habilitación legal a la figura del agente encubierto en el marco de una investigación, posibilitándose el otorgamiento y la utilización de una identidad supuesta a funcionarios de la Policía Judicial, se delimita el concepto de delincuencia organizada, la única para cuya investigación se prevé la infiltración policial, y se determinan, en el apartado 4 del mismo, las figuras delictivas en las que podrá utilizarse esta técnica en el marco de la misma, de forma similar a como lo hace el artículo número 2 de la Ley 101/2001 portuguesa[17].

---

se pueda llegar a premiar la actuación de estos arrepentidos al no entender que una sociedad que cultiva los valores y derechos fundamentales del hombre pueda premiar al criminal delator y pueda negociar la traición en nombre de la propia Justicia y BUJOSA VADELL, L. M., "Prueba de testigos y cooperación judicial internacional en materia penal", La Ley (España), núm. 5627, Lunes, 7 de octubre de 2002, pp. 1-8, así como del mismo autor BUJOSA VADELL, L. M., "Algunas cuestiones actuales sobre la prueba testifical en el proceso penal español", Justicia y Derecho, año 2 (2002), núm. 2, Universidad Autónoma del Sur, Temuco (Chile), pp. 125-151; publicado también en *Criminalia* (México), vol. 69, fasc. 1, ene/abr., 2003, pp. 107-141.

[17] Para un estudio pormenorizado de los delitos a los que resultaría aplicable esta figura en Portugal y que son, en los términos del art. 2.º de la ley n.º 101/2001, de 25 de Agosto: a) Homicidio voluntario, desde que el agente no sea conocido; b) Contra la libertad y contra la integridad sexual a que corresponda, en abstracto, pena superior a 5 años de prisión, desde que el agente no sea conocido, o siempre que sean expresamente referidos ofendidos menores de 16 años u otros incapaces; c) Relativos al tráfico de vehículos hurtados o robados; d) esclavitud, secuestro y rapto o toma de rehenes; e) organizaciones terroristas y terrorismo; f) apresamiento o atentado a la seguridad de transporte por aire, agua, ferrocarril o vía al que corresponda, en abstracto, pena igual o superior a 8 años de prisión; g) Ejecutados con bombas, granadas, materias o explosivos, armas de fuego, armas nucleares, químicas o radioactivas; h) Robo en instituciones de crédito, delegaciones de la Hacienda Pública y correos; i) asociaciones criminales; j) Relativos al tráfico de estupefacientes y de sustancias psicotrópicas; l) blanqueamiento de capitales, otros bienes o productos; m) Corrupción, peculio y participación econó-

En relación con estos listados de delitos no encontramos sustanciales diferencias ya que se trata, en ambos casos, de una enumera-

mica en negocio y tráfico de influencias; n) Fraude en la obtención o desvio de subsidio o subvención; o) Infracciones económico-financieras cometidas de forma organizada o con recurso a la tecnología informática; p) Infracciones económico-financieras de dimensión internacional o transnacional; q) Falsificación de moneda, títulos de créditos, valores sellados, sellos y otros valores equiparados; r) Relativos al mercado de valores inmobiliarios, puede consultarse GONÇALVES, F., ALVES, M. J., GUEDES VALENTE, M. M., *O Novo Regime Jurídico do Agente Infiltrado*, ob. cit., pp. 47 a 82. Sobre el listado de delitos en España diremos que abarcaría al delito de secuestro de personas previsto en los artículos 164 a 166 del Código Penal, delitos relativos a la prostitución previstos en los artículos 187 a 189 del Código Penal; delitos contra el patrimonio y contra el orden socioeconómico previstos en los artículos 237, 243, 244, 248 y 301 del Código Penal; delitos relativos a la propiedad intelectual e industrial previstos en los artículos 270 a 277 del Código Penal; delitos contra los derechos de los trabajadores previstos en los artículos 312 y 313 del Código Penal; delitos de tráfico de especies de flora o fauna amenazada previstos en los artículos 332 y 334 del Código Penal; delito de tráfico de material nuclear y radioactivo previsto en el artículo 345 del Código Penal; delitos contra la salud pública previstos en los artículos 368 a 373 del Código Penal; delitos de falsificación de moneda previsto en el artículo 386 del Código Penal; delito de tráfico y depósito de armas, municiones o explosivos previsto en los artículos 566 a 568 del Código Penal; delitos de terrorismo previstos en los artículos 571 a 578 del Código Penal; delitos contra el Patrimonio Histórico previstos en el artículo 2.1.e) de la Ley Orgánica 12/1995, de 12 de diciembre, de represión del contrabando. Sobre este listado de delitos se muestran críticos POZO PÉREZ, M., "El agente encubierto...", *ob. cit.*, p. 276, quien no valora acertado intentar definir la delincuencia organizada a través de los campos o parcelas de actuación de la misma; RIFÁ SOLER, J. M., "El agente encubierto o infiltrado...", *ob. cit.*, p. 162, quien considera que esta técnica se concilia muy mal con la constante evolución del crimen organizado y DARIO CERINA, G., "La lucha contra la delincuencia organizada: Notas desde el Derecho Penal sustantivo y referencias al agente encubierto como medio de investigación extraordinario en una perspectiva interna y supranacional", en *Dos Décadas de Reformas Penales (coord.: SANZ MULAS, N.)*, Ed. Comares, Granada, 2008, p. 164 quien, aunque aprecia el hecho de que la técnica utilizada no deja dudas del ámbito de aplicación del agente encubierto, entiende sin embargo que se trata de una solución cercana a la que adoptaban los Códigos decimonónicos. Tampoco, desde nuestro punto de vista, debería valernos el criterio de la cuantía de la pena para determinar la gravedad o no de la criminalidad organizada ya que como señala el Tribunal Europeo de Derechos Humanos, en su STEDH *Malone c. Reino Unido*, de 2 de agosto de 1984, "ligar el crimen organizado a la entidad cuantitativa de la infracción supone observar el fenómeno con límites muy estrechos".

ción de aquellos tipos penales en los que sería legal recurrir a la figura del agente infiltrado, siendo en este sentido la diferencia fundamental entre ambas regulaciones que la Ley española exige que la comisión de esos delitos se haya realizado en el ámbito de la delincuencia organizada y que la legislación portuguesa amplía la finalidad de la utilización de esta técnica, no solo al ámbito de la investigación sino también de la prevención, de ese tipo de delitos.

En relación con la primera de estas diferencias, debemos señalar que, conforme a la regulación española se considerará como delincuencia organizada la asociación de tres o más personas para realizar, de forma permanente o reiterada, conductas que tengan como fin cometer alguno o algunos de los delitos antes mencionados, lo que supone una restricción importante del ámbito de utilización de esta figura ya que cuando el tipo penal sea cometido solo por una o dos personas no puede recurrirse a esta técnica como sin embargo sí que podría hacerse conforme a la regulación portuguesa, algo que no nos parece adecuado por cuanto no vemos la necesidad que supone introducir a un agente infiltrado para la investigación de, por ejemplo, un delito de homicidio cometido por una persona sobre otra, ya que entendemos que existen técnicas y medios de investigación mucho más adecuados para ello[18].

En relación con la segunda de las diferencias a las que hacíamos referencia, la posible utilización conforme a la normativa portuguesa de la figura del agente infiltrado para la prevención de los delitos consideramos que la misma vulneraría claramente esa característica de excepcionalidad, de necesidad y de subsidiariedad que tiene, como debe tener cualquier medida restrictiva de derechos fundamentales, la utilización del agente infiltrado, ya que nos parece intolerable el recurso a esta figura, tan en ocasiones, éticamente reprochable inclu-

---

[18] Comparte esta crítica, pero para el Derecho español, GASCÓN INCHAUSTI, F., *Infiltración policial y agente encubierto*, ob. cit., p. 252 por considerar que se autoriza la utilización del agente infiltrado para delitos de escasa gravedad.

so en la investigación de delitos ya cometidos, con el único fin de conseguir la prevención de los mismos[19].

En nuestra opinión el ordenamiento jurídico portugués debe, y si no debería, disponer de otros medios mucho menos restrictivos de derechos fundamentales que el recurso a la utilización de agentes infiltrados, para hacer efectiva esa función preventiva que la Ley 101/2001 de 25 de agosto pretende conseguir a través de la infiltración de agentes, en lo que desde nuestro punto de vista es un reconocimiento claro de su incapacidad para conseguirla a través de otras técnicas[20].

No compartimos, de nuevo, el parecer del Ministro de Justicia portugués que ante las críticas sobre la ampliación del ámbito de aplicación de la figura del agente encubierto al área de la prevención, producidas durante la tramitación parlamentaria de la Ley portuguesa, se limitó a responder que esta función ya se encontraba recogida en la normativa anterior, ya que pensamos que lo que no puede en ningún caso es justificarse una función que no debería

---

[19] Existen autores que incluso van más allá criticando su utilización incluso en la investigación de delitos como SEQUEROS SAZATORNIL, F., *El tráfico de drogas ante el ordenamiento jurídico (evolución normativa, doctrinal y jurisprudencial*, La Ley, Madrid, 2000, p. 756, cuando indica que "es contrario a la dignidad de la persona que se utilicen precisamente las buenas cualidades que puedan restarle a un presunto delincuente, como pudieran ser la apertura al otro, el culto a la amistad, la solidaridad o, tal vez, el deseo de ayudar, como medios para el descubrimiento del delito".

[20] En este sentido GUEDES VALENTE, M. M., *Teoria Geral do Direito Policial*, ob. cit., p. 285 señala que como técnica excepcional, el agente infiltrado, ya sea por razones de orden moral o ético, ya sea por razones de seguridad del propio agente infiltrado, solamente, y repite, solamente, debe ser usada cuando todos los otros medios de obtención de prueba no fueran suficientemente capaces y eficaces para la averiguación de la verdad, opinión que compartimos y en la que basamos nuestra oposición a su utilización para la prevención de los delitos. Sobre la función preventiva y represiva de los llamados "hombres de confianza" también se pronuncia COSTA ANDRADE, M., *Sobre as proibiçoes de prova em proceso penal*, Coimbra Editora, Coimbra, 1992, pp. 232 y 233.

existir sobre la premisa de que ya existía con anterioridad, ya que
correríamos el riesgo de que lo que podía ser excepcional termine
convirtiéndose en regla[21].

IV

Requisitos para la utilización
de la figura del agente encubierto

Si partimos de la base, como efectivamente lo hacemos, de que la
utilización del agente encubierto es un medio excepcional de investigación restrictivo de derechos fundamentales, debemos también partir de la base de que ésta debe cumplir los requisitos exigidos por la
Jurisprudencia Constitucional, tanto portuguesa como española, a la
hora de permitir estas medidas, es decir debe someterse a los
requisitos de necesidad, idoneidad, adecuación y, por supuesto, autorización judicial que deberá contener una contundente justificación y
motivación en la que se demuestre la idoneidad de la medida y que
ésta responde a una necesidad dentro de los fines de la investigación[22].

---

[21] Sobre este tema se pronuncian GONÇALVES, F., ALVES, M. J., GUEDES
VALENTE, M. M., *O Novo Regime Jurídico do Agente Infiltrado*, ob. cit., p. 28 al
afirmar que tan solo debería aceptarse el recurso a la utilización del agente
infiltrado para la prevención criminal entendida en sentido estricto, es decir cuando
consista en la adopción de medidas adecuadas para ciertas infracciones de naturaleza
criminal, en consonancia con lo dispuesto en el artículo 272 de la Constitución de
la República Portuguesa, según la interpretación dada por GOMES CANOTILHO,
J. y MARTINS MOREIRA, V., *Constituçao da República Portuguesa Anotada*,
3.ª Edición, Coimbra Editora, pp. 956 y 957.

[22] Como ejemplos pueden mencionarse la Sentencia del Tribunal Constitucional español núm. 207/1996, que indica que la medida debe ser idónea (apta,
adecuada) para alcanzar el fin constitucionalmente legítimo perseguido con ella
sirviendo objetivamente para determinar los hechos que constituyen el objeto del
proceso penal, así como la STC 116/1998, de 2 de junio, en relación con la
necesaria motivación de la medida.

En este sentido el artículo 282 bis de la Ley de Enjuiciamiento Criminal española nos da pistas y a la vez nos plantea nuevos interrogantes, sobre cuál debe ser la autoridad competente para autorizar al agente infiltrado, al señalar que, cuando se trate de investigaciones que afecten a actividades propias de la delincuencia organizada, la facultad para autorizar una investigación encubierta corresponde al Juez de Instrucción competente, o al Ministerio Fiscal dando cuenta inmediata al Juez, regulación que se corresponde plenamente con la que encontramos en el artículo 3.3 de la Ley 101/ 2001 portuguesa, para los fines de investigación ya que para los de prevención se exige requerimiento del Ministerio Público del Departamento Central de Investigación y Acción Penal al Juez de Instrucción Criminal del Tribunal Central de Instrucción Criminal, en los términos del artículo 3.4 y 3.5, regulación que consideramos admisible tras el profundo debate que se produjo durante la tramitación parlamentaria de esta Ley[23].

Ambas regulaciones, tanto la española como la portuguesa, nos parecen absolutamente desafortunadas ya que, como hemos anticipado, al tratarse de una medida restrictiva de derechos fundamentales no podemos admitir ni tolerar que dicha medida pueda ser autorizada por el Ministerio Fiscal, ni dando cuenta de forma inmediata al Juez de Instrucción como dice la regulación española, ni sometida a la autorización tácita del Juez de Instrucción Criminal, al que se le debe comunicar esta decisión que será, automáticamente, ratificada si éste no se opone en el plazo de setenta y dos horas, mediante

---

[23] La propuesta de Ley 79/VIII previa a la definitiva aprobación de la Ley 101/2001, permitía que la autorización fuera dada por la autoridad judiciaria (no autoridad judicial) titular de la dirección del proceso, es decir el Ministerio Fiscal, que podría darla en el plazo de cinco días y si fuera en el ámbito de la prevención, la daría el Magistrado del Ministerio Público permitiéndose que si por razones de urgencia no se pudieran conseguir estas autorizaciones se consiguieran en el primer día útil posterior. Sobre las intervenciones parlamentarias al respecto puede verse GONÇALVES, F., ALVES, M. J., GUEDES VALENTE, M. M., *O Novo Regime Jurídico do Agente Infiltrado,* ob. cit., pp. 85 y ss.

despacho de revocación, conforme al artículo 3.3 de la Ley 101/2001[24].

Por este motivo, debemos entender que la autoridad competente para autorizar la actuación de un agente infiltrado deberá ser el Juez al que le corresponda la instrucción del caso que aconseje la realización de una investigación encubierta, convirtiéndose precisamente la posibilidad de que lo haga el Ministerio Fiscal en uno de los aspectos más espinosos de la regulación de esta figura, es decir, en los límites de la competencia que la propia Ley de Enjuiciamiento Criminal española y la Ley 101/2001 portuguesa atribuyen al Ministerio Fiscal para que sea él mismo el que autorice la adopción de la medida, ya que para algunos autores esta atribución de competencia se apartaría de lo que podríamos denominar un efectivo control judicial, proponiendo una interpretación más acorde con dicho control y que consideramos mucho más acertada, según la cual la competencia del Fiscal se limitaría a proponer la adopción de esta medida, pero no a adoptarla directamente por sí mismo[25].

---

[24] En este sentido se pronuncia GUEDES VALENTE, M. M., "La investigación del crimen organizado, entrada y registro en domicilios por la noche, el agente infiltrado y las intervenciones de las comunicaciones", *ob. cit.*, p. 186, al señalar que el número 4 del artículo 32 de la Constitución Portuguesa consagra que los actos o diligencias procesales que afecten a los derechos fundamentales tienen que ser previamente autorizados u ordenados por el Juez de Instrucción Criminal.

[25] Se muestra de esta opinión RIFÁ SOLER, J. M., "El agente encubierto o infiltrado en la nueva regulación de la Ley de Enjuiciamiento Criminal", *ob. cit.*, pp. 162-164, para quien el Fiscal debería elevar esta solicitud al Juez competente para que este decida sobre si corresponde abrir diligencias previas o sumario o denegar la medida, señalando además que el único receptor de los resultados obtenidos por el agente será el órgano judicial autorizante. En el mismo sentido se pronuncian GUARIGLIA, F. "El agente encubierto ¿un nuevo protagonista en el procedimiento penal?", *ob. cit.* pp. 49-60, quien aclara las diferentes funciones atribuidas al Juez de Instrucción y al Ministerio Fiscal en otras regulaciones de nuestro entorno y GASCON INCHAUSTI. F. *Infiltración policial y agente encubierto*, ob. cit., p. 193, quien considera que pese a esta regulación, en la práctica será imprescindible desde el principio contar con la preceptiva autorización judicial, por la necesidad de permitir al infiltrado la entrada en domicilios privados, sin la cual su labor sería papel mojado.

Pensamos que ni el legislador español ni el portugués fueron conscientes de que la mera autorización para la intervención de un agente encubierto ya suponía una diligencia sumarial restrictiva de derechos fundamentales, puesto que la ocultación de la condición del agente determina por sí sola una restricción del derecho a la intimidad de los miembros de la organización investigada ya que, de otra manera el agente no habría tenido acceso a datos, situaciones y confidencias que desde nuestro punto de vista forman parte del derecho a la intimidad de las personas, entendido en un sentido amplio como el poder de control sobre las informaciones que son relevantes para cada sujeto[26].

Sin embargo el hecho de que el recurso a la figura del agente encubierto pueda suponer una intromisión en el derecho fundamental a la intimidad no nos puede servir para desechar el uso de la misma por cuanto el derecho a la intimidad no es un derecho absoluto sino que se encuentra delimitado por los restantes derechos fundamentales y bienes jurídicamente protegidos, pudiendo ser objeto de intromisiones legítimas siempre que se den los presupuestos oportunos, entre los cuales se encuentra, por supuesto la autorización judicial[27].

---

[26] En este sentido compartimos las opiniones de DELGADO MARTÍN, J., "El proceso penal ante la delincuencia organizada. El agente encubierto", *ob. cit.,* p. 106 y GASCÓN INCHAUSTI, F., *Infiltración policial y agente encubierto*, ob. cit., p. 206; MORENILLA RODRÍGUEZ, J. M., "El derecho al respeto de la esfera privada en la jurisprudencia del Tribunal Europeo de Derechos Humanos", *La Jurisprudencia del Tribunal Europeo de Derechos Humanos*, Cuadernos de Derecho Judicial, Consejo General del Poder Judicial, 1993, pp. 322 y ss. y LOPEZ ORTEGA, J. J., "La intimidad como bien jurídico, Estudios sobre el Código Penal de 1995 (parte especial)", *Cuadernos de Derecho Judicial*, Consejo General del Poder Judicial, 1996, p. 289 a pesar de que existan sentencias del Tribunal Europeo de Derechos Humanos, como la de 15 de junio de 1992 (caso Ludí) que consideran que el recurso a un agente encubierto no afecta por si, ni en combinación con las escuchas telefónicas, a la esfera privada de los investigados puesto que desde el momento en que estos están cometiendo un hecho delictivo deben saber que corren el riesgo de encontrar a un funcionario de policía infiltrado encargado de desenmascararlo.

[27] Sobre la posible quiebra del monopolio judicial puede verse DARIO CERINA, G., "La lucha contra la delincuencia organizada...", *ob. cit.*, p. 171 y ss. cuya opinión

Aclarado por tanto que la autoridad que puede autorizar el recurso al agente infiltrado va a ser tan sólo la autoridad judicial nos detendremos ahora en los requisitos que debe contener dicha autorización y que, en Derecho español, revestirá la forma de auto motivado que deberá contener el juicio de proporcionalidad sobre la necesidad de la medida, que deberá resultar estrictamente necesaria para la finalidad de la investigación y que deberá hacer referencia a la concurrencia de todas las circunstancias que aconsejan su adopción, tales como la existencia de indicios racionales de la comisión, en forma organizada, de alguno de los delitos a los que se refiere el artículo 282 bis 4 de la Ley de Enjuiciamiento Criminal y que no exista ninguna otra vía menos restrictiva de derechos para conseguir el esclarecimiento de los hechos, es decir, que se garantice su carácter subsidiario con respecto a las demás técnicas de investigación de delitos[28].

---

no compartimos para el caso de la utilización del agente encubierto al considerar que aunque el Tribunal Constitucional español, en STC de 24 de marzo de 2003, entre otras, haya podido admitir en materia de derecho a la intimidad, que de forma excepcional, en determinados casos y con la suficiente y precisa habilitación legal sea posible que la policía judicial realice determinadas prácticas que constituyan una injerencia leve en la intimidad de las personas, este no es el caso del agente encubierto donde la injerencia no puede calibrarse en ningún caso de leve y donde el Estado está acudiendo al engaño para producir esa injerencia.

[28] De esta opinión se muestra DELGADO MARTÍN, J., "El proceso penal ante la delincuencia organizada. El agente encubierto", *ob. cit.*, p. 111; GASCÓN INCHAUSTI, F., *Infiltración policial y agente encubierto*, ob. cit., p. 208; GUARIGLIA, F., "El agente encubierto...", *ob. cit.*, p. 51 y GUEDES VALENTE, M. M., GUEDES VALENTE, M. M., "La investigación del crimen organizado, entrada y registro en domicilios por la noche, el agente infiltrado y las intervenciones de las comunicaciones", *ob. cit.*, p. 188, para quien solo se recurrirá a este medio o técnica excepcional de investigación cuando el resto de medios o técnicas menos gravosas para el ciudadano se demuestren inadecuadas o incapaces de producir prueba real y personal o cuando la complejidad o la alta y especialísima gravedad del crimen, como en el caso de la criminalidad organizada, hagan imposible obtener las pruebas de otra manera.

También deberá contener, desde nuestro punto de vista, dicha resolución los delitos cuya comisión se sospecha y que pueden ser objeto de investigación así como el imputado o imputados que son objeto de la investigación y las actividades que el agente está facultado para realizar y que consistirán en actuar bajo identidad supuesta, adquirir y transportar los objetos, efectos e instrumentos del delito y diferir la incautación de los mismos, ya que debemos tener en cuenta que cualquier actuación que quebrante las garantías fundamentales, no podrá ser utilizada en el proceso penal, pudiendo incluso generar responsabilidades disciplinarias o penales para el agente, lo que nos lleva a la conclusión de que la intervención de agentes encubiertos debe estar circunscrita y rodeada de garantías de tal manera que no sacrifiquemos las mismas por conveniencia[29].

Otra disposición, referente al control judicial de la actividad del agente encubierto, y de la que echamos de menos una referencia expresa en la regulación portuguesa, vendría determinada por el apartado 3 del artículo 282 bis de la Ley de Enjuiciamiento Criminal que proclama que cuando las actuaciones de investigación puedan afectar a los derechos fundamentales, el agente encubierto deberá solicitar del órgano judicial competente las autorizaciones que, al respecto, establezca la Constitución y la Ley, así como cumplir las demás previsiones legales aplicables, previsión que es tan solo la aplicación general del principio que exige autorización judicial para la adopción de cualquier medida restrictiva de derechos fundamentales, sin plantear ninguna especificidad especial el hecho de que esta solicitud la realice un agente encubierto[30].

---

[29] En este sentido ver ASENCIO MELLADO, J. M., *Prueba prohibida y prueba preconstituida*, Madrid, 1989, p. 89, y las Sentencias del Tribunal Supremo español de 22 de enero, de 4 y de 24 de abril de 2003, donde se afirma que todo lo que el agente haya podido conocer o descubrir, directa o indirectamente, en virtud de dicha actividad ilícita e ilegal, no podrá utilizarse en el proceso, así como MARQUES DA SILVA, G., *Curso de Processo Penal*, Editorial Verbo, Lisboa, 2008, pp. 138 y ss.

[30] En este sentido ver ORTELLS RAMOS, M. "Exclusividad para la restricción de los derechos fundamentales y ámbitos vedados a la injerencia jurisdiccional", en

Por todo ello es necesario un eficaz control judicial, no solo en la autorización de la medida sino también en el desarrollo de la misma[31], motivo por el cual el artículo 3.6 de la Ley 101/2001 señala que la Policía Judiciaria hará el relato de la intervención del agente encubierto a la autoridad judiciaria, que no judicial, por lo que podría tratarse del Ministerio Fiscal, en el plazo máximo de cuarenta y ocho horas desde su finalización, y el artículo 282 bis de la Ley de Enjuiciamiento Criminal prevé que la información que vaya obteniendo el agente encubierto deberá ser puesta a la mayor brevedad posible en conocimiento de quien autorizó la investigación, dejando también abierta la posibilidad legal de que dicha autorización la haya llevado a cabo el Ministerio Fiscal[32].

Medidas restrictivas de derechos fundamentales, Cuadernos de Derecho Judicial, Consejo General del Poder Judicial, Madrid, 1996, pp. 46 y ss. y POZO PÉREZ, M., "El agente encubierto...", *ob. cit.*, p. 299 al señalar que "el engaño y el prevalimiento de la confianza no podrán amparar actividades ilegales del funcionario, como la realización de registros sin auto judicial o la instalación de micrófonos sin control del órgano jurisdiccional; el infiltrado no posee la denominada *patente de corso*, está sujeto en su actuación a la Constitución y al resto del ordenamiento jurídico". En la misma línea, y en relación con los conocimientos fortuitos, compartimos la opinión expuesta por GUEDES VALENTE, M. M., *Conhecimentos fortuitos. A busca de um equilibrio apuleiano*, Editorial Almedina, Coimbra, 2006, pp. 97-98 y 129 y ss., en los que exige la concurrencia de un serie determinada de requisitos para poder dar validez a esos conocimientos, debiendo, desde nuestro punto de vista, en caso contrario, recurrirse a la solicitud de una nueva autorización judicial.

[31] En este sentido MORENO CATENA, V. (con GIMENO SENDRA, V. y CORTÉS DOMÍNGUEZ, V.), *Derecho Procesal Penal*, 2.ª edición, Colex, Madrid, 1997, p. 456 afirma que el cumplimiento de los presupuestos necesarios para la adopción de una medida restrictiva de derechos fundamentales carecería de sentido y trascendencia, como garantía y protección del derecho fundamental, si la actuación judicial se limitara a ordenar la diligencia, sin preocuparse del posterior desarrollo y cese de la medida de intervención. En el mismo sentido la Sentencia del Tribunal Constitucional 49/96, de 26 de marzo, señala en su Fundamento Jurídico 3.º que el "control efectivo en el desarrollo y cese de la medida es indispensable para el mantenimiento de la restricción del derecho fundamental dentro de los límites constitucionales".

[32] De nuevo aquí vuelve a adquirir relevancia la polémica sobre la posible autorización o no de la figura del agente encubierto por parte del Ministerio Fiscal ya que, si es este el que autorizó la intervención del mismo, a él será a quien se

Sobre los cauces a través de los cuales se cumpliría con este deber de información parece que resultaría mucho más operativo que el agente infiltrado no se comunicara directamente con el órgano jurisdiccional, por lo que de riesgo para su propia integridad podría conllevar, motivo por el cual, algunos autores, cuya opinión compartimos, abogan por el cumplimiento de este deber a través de persona interpuesta[33].

Precisamente sobre el destino que debe darse a este relato de hechos por parte del agente infiltrado es sobre el que surge una de

---

deba comunicar la información obtenida, que escaparía, en este caso del control judicial al que estamos haciendo referencia. En este sentido, GASCON INCHAUSTI, F., *Infiltración policial y agente encubierto*, ob. cit., p. 206 considera que el Fiscal no puede ser recipiendario válido de la información que aporte el agente encubierto, puesto que dicha información ha de dirigirse a quien tenga a su cargo la instrucción, puesto que puede servir como base para la apertura del juicio oral o el sobreseimiento, siendo absurdo que toda la información, en caso de que se remitiera al Fiscal, solo pudiera servir para que este pidiera a su vez, otras diligencias, siendo rebajada está medida de verdadera diligencia de investigación propia de la fase de instrucción a mera actividad de comprobación previa a la apertura de un sumario o de unas diligencias previas.

[33] En este sentido POZO PÉREZ, M., "El agente encubierto…", *ob. cit.*, p. 316, defiende la figura de lo que ella denomina un "controlador" o "supervisor" y que desarrollará importantes funciones en la investigación correspondiéndole "controlar sus actividades, marcar el camino a seguir, servir de interlocutor con el resto de investigadores, que pueden tener que participar en la realización de determinadas diligencias, coordinar el dispositivo de seguridad, trasmitir al agente todo aquello que sea necesario y recoger de éste la información y pruebas obtenidas para ponerlas en conocimiento del instructor que autorizó la operación y por último, tendrá que interpretar las alertas sobre el peligro que el agente encubierto esté sufriendo en cada momento concreto, convirtiéndose a un mismo tiempo en su jefe, su enlace y su protector". Dicha labor de protección podría materializarse en valorar los posibles indicadores de que el agente se esté pasando al otro lado, o que la labor desarrollada le esté afectando más de lo aconsejable tanto física como psicológicamente. De hecho, en las conclusiones acordadas en el *Seminario Internacional sobre Agentes Encubiertos*, organizado por el CGPJ, en octubre de 1999, se indica que es necesario contemplar mecanismos de control para garantizar la integridad del agente, por ello el controlador o supervisor debe ser el primer eslabón para evaluar y fiscalizar su actuación.

las mayores divergencias entre la regulación española y la portuguesa, ya que mientras que la regulación española señala que deberá aportarse al proceso en su integridad, valorándose en conciencia por el órgano judicial competente, sin embargo, la normativa portuguesa señala en el artículo 4.1 de la Ley 101/2001 que la autoridad judiciaria solo ordenará la inclusión en el proceso de dicho relato si lo considera absolutamente indispensable en términos probatorios, decisión que puede tomar tanto en la fase de investigación como de instrucción quedando entretanto el expediente, mediante previo registro, en posesión de la Policía Judiciaria.

Esta posibilidad nos parece absolutamente inadmisible desde el punto de vista del derecho de defensa, por cuanto podría permitir que tan solo se adjuntaran al proceso aquellos testimonios o hechos que sirvieran para conseguir la incriminación del imputado y no aquellos que pudieran servir para fundamentar su inocencia, riesgo que no se corre en la regulación española, donde el agente encubierto deberá poner en conocimiento del Juez, con la correspondiente entrada al proceso, toda la información que obtenga y que sea relevante para la investigación tanto si perjudica como si favorece a los sospechosos, medida que si bien entendemos que en la regulación portuguesa busca dotar de una mayor protección a aquellos sujetos que intervienen como agentes infiltrados, de ahí su inclusión en el artículo 4.1 de la Ley 101/2001 referente a la protección de los mismos, sin embargo, consideramos que entra en grave colisión con las garantías procesales del imputado y concretamente con su derecho de defensa, motivo por el cual nos vemos obligados a criticar fuertemente esta previsión contenida en la normativa portuguesa, que debería optar por la remisión íntegra del relato de los hechos, no a la autoridad judiciaria, que podría incluir al Ministerio Fiscal, sino a la autoridad judicial, es decir al Juez, verdadero garante de los Derechos Fundamentales en cualquier Estado de Derecho.

V

Identidad supuesta y protección del agente encubierto

La Ley 101/2001 reguladora de las acciones encubiertas en Portugal, recoge en sus artículos 4 y 5 dos aspectos que, desde nuestro punto de vista se encuentran íntimamente relacionados y que son, por un lado, las condiciones de la concesión de la identidad supuesta o ficticia bajo la cual van a actuar los agentes infiltrados, y por otro, las medidas de protección de las que gozarán en el desarrollo de su actividad, ya que consideramos que, precisamente, la concesión de una identidad supuesta es la primera de dichas medidas, al ser la que impide que los criminales sepan que están siendo objeto de una acción encubierta.

Sobre la forma en que se va a conceder esa identidad ficticia o supuesta no existen significativas diferencias entre las regulaciones española y portuguesa: en ambos casos dicha identidad será otorgada por el plazo de seis meses prorrogables por períodos de igual duración, quedando los agentes legítimamente habilitados para actuar en todo lo relacionado con la investigación concreta y a participar en el tráfico jurídico y social bajo tal identidad, si bien en el caso de Portugal esa identidad la concede el Ministerio de Justicia mediante propuesta del Director Nacional de la Policía Judiciaria y en España lo hará el Ministerio del Interior[34].

---

[34] En este punto el Juez de Instrucción o el Fiscal se limitarán a ratificar la identidad supuesta proporcionada por el Ministerio del Interior, coincidiendo con GASCON INCHAUSTI, F., *Infiltración policial y agente encubierto,* ob. cit., p. 209 en que la concreta identidad de cobertura por la que se opte forma parte de la técnica de investigación que se decida en sede policial. Aunque la Ley no lo dice expresamente parece lógico pensar que corresponderá al Ministerio del Interior dotar al agente encubierto de la documentación necesaria para una correcta utilización de la identidad de cobertura. En la legislación portuguesa se señala que compete a la Policía Judiciaria crear y promover la actualización de las identidades ficticias otorgadas a los agentes infiltrados.

También en ambas regulaciones la resolución por la que se acuerde deberá consignar el nombre verdadero del agente y la identidad supuesta con la que actuará en el caso concreto, debiendo ser dicha resolución "reservada" según la legislación española y "clasificada de secreto" según la portuguesa, un pequeño pero importante matiz que consideramos acertado en el sentido de evitar polémicas doctrinales sobre el tratamiento que debe darse a esta resolución ya que si bien del propio tenor literal del artículo 282 bis de la Ley de Enjuiciamiento Criminal española podría inferirse la necesidad de que se decrete el secreto de sumario del artículo 302 de dicha Ley ya que, de lo contrario el artículo 118 de la Ley de Enjuiciamiento Criminal nos obligaría a poner la actividad instructora en conocimiento del afectado, y aunque por el carácter secreto de la decisión sobre infiltración no tuviera conocimiento concreto de la misma, resultaría bastante lógico pensar que ésta no gozara de la eficacia deseada, sin embargo la regulación española tan solo recoge que deberá mantenerse fuera de las actuaciones con la debida seguridad, concepto criticable por lo indeterminado que resulta y motivo por el cual consideramos mucho más acertado la previsión portuguesa que señala expresamente su carácter secreto[35].

Precisamente sobre esta identidad supuesta y, más concretamente, sobre la posibilidad de mantener dicha identidad cuando testifiquen en el proceso que pudiera derivarse de los hechos en que hubiera intervenido, y siempre que así se acuerde mediante resolución judicial motivada, es sobre la que planea una de las mayores interrogantes sobre los riesgos que la actuación de los agentes encubiertos pueden conllevar para las garantías procesales de un Estado de

---

[35] Sobre estos aspectos ver TOME GARCIA, J. A., "Imputación, derecho de defensa y secreto del sumario", *Revista de Derecho Procesal*, 1999, núm. 1, pp. 123 y ss. y MORAL GARCIA, A., "El secreto de las actuaciones en el proceso penal", Jornadas sobre garantías del imputado en el proceso penal, *Estudios Jurídicos: Ministerio Fiscal.*, núm. I, 2002, pp. 165 – 213.

Derecho, ya que desde el punto de vista procesal, la actividad de un agente encubierto podría llegar a afectar gravemente a distintos derechos fundamentales de las personas investigadas, no solo por la intromisión continuada en la vida privada de estas, atentando, como vimos, contra su derecho a la intimidad, sino también contra su derecho de defensa, tanto durante la instrucción como durante la fase de juicio oral, encontrándonos en este momento con una doble posible interpretación de que es lo que debe mantenerse oculta durante la fase de juicio oral para poder salvaguardar ese derecho de defensa: la identidad real del agente encubierto o la misma existencia de una investigación encubierta.

De una lectura atenta de la normativa que estamos analizando parece deducirse que en ambas regulaciones, tanto en la portuguesa como en la española, la identidad real del agente encubierto deberá quedar oculta hasta, al menos, la finalización del proceso, siendo denominado en todo momento por la identidad supuesta que le hubiera sido otorgada, exigiéndose tanto en el artículo 4.3 de la Ley 101/2001 como en el apartado 2 del artículo 282 bis de la Ley de Enjuiciamiento Criminal la existencia de una resolución motivada en la que se acuerde dicho extremo, siéndoles de aplicación en ambos casos la legislación referente a la protección de testigos que se encuentra recogida en el ordenamiento portugués en la Ley núm. 93/99, de 14 de julio, que regula la aplicación de medidas para la protección de testigos en el proceso penal y en el español en la Ley Orgánica 19/1994, de 23 de diciembre, de protección a testigos y peritos en causas criminales, todo ello con el objetivo, no ya solo de asegurar el éxito de la investigación, sino de proteger personalmente al agente encubierto y a las personas de su familia y de su entorno[36].

---

[36] Ambas regulaciones, tanto la española como la portuguesa, a la hora de garantizar la seguridad de los agentes que actúen de manera encubierta o con identidad falsa se inspiran en las Resoluciones del Consejo de la Unión Europea de 23 de noviembre de 1995, relativas a la protección de testigos en el marco de la

Sin embargo, este hecho no puede conllevar que se oculte la propia existencia de la labor del agente encubierto, ya que no resulta admisible en un Estado de Derecho que pueda mantenerse en secreto para el imputado el hecho de que ha sido objeto de una investigación encubierta, puesto que ello atentaría contra las más elementales bases del derecho de defensa y del principio de contradicción, ya que tan solo conociendo el origen y la forma de acceso a las fuentes de prueba podrá el imputado defenderse frente a su posible ilicitud y someterlas a plena contradicción[37].

---

lucha contra la criminalidad organizada internacional, *DOCE* C 327 de 7.12.1995 y de 20 de diciembre de 1996, relativa a las personas que colaboran con el proceso judicial en la lucha contra la delincuencia internacional organizada, *DOCE* C 10 de 11.01.97, en concreto la ley española cuyo contenido responde al propósito protector, admitido por el Tribunal Europeo de Derechos Humanos, y cuyo principio general se hacía patente en la Resolución 827/1993, de 25 de mayo, del Consejo de Seguridad de Naciones Unidas, concerniente a la antigua Yugoslavia, amplió su ámbito de aplicación no solo a los testigos sino también a los peritos siendo considerada esta regulación como insuficiente por GARZÓN REAL, B., "Cooperación jurídica internacional en el ámbito del blanqueo de dinero y espacio de Seguridad, Libertad y Justicia en la Unión Europea" en *Prevención y represión del blanqueo de capitales*, Estudios de Derecho Judicial, 28-2000, Consejo General del Poder Judicial, Madrid, 2000, p. 434, mientras que DUEÑAS JIMÉNEZ, V., "Instrumentos y mecanismos de cooperación judicial", *El espacio europeo de libertad, seguridad y justicia*, Secretaría General Técnica, Ministerio del Interior, Madrid, 2000, p. 140, valora el equilibrio que esta Ley intenta establecer entre el derecho a un proceso con todas las garantías y la tutela de derechos fundamentales inherentes a los testigos, peritos y sus familias.

[37] De esta opinión se muestra la práctica totalidad de la Doctrina, llegando a afirmar GASCÓN INCHAUSTI, F., *Infiltración policial y agente encubierto*, ob. cit., p. 215 que lo ideal sería que, a efectos prácticos, la resolución por la que se acordara la infiltración solo expresara la identidad de cobertura del agente encubierto, consignándose la expresión de su identidad real en un anexo que se guardaría fuera de las actuaciones con la debida seguridad, teniendo un carácter secreto *ex lege* y de duración indefinida, opinión que compartimos en contra de la de MORENO CATENA, V., "Los agentes encubiertos en España", *Otrosí del Ilustre Colegio de Abogados de Madrid*, núm. 10, 1999, pp. 40 a 42 que estima procedente la existencia igualmente de dos resoluciones, la primera que tan solo autorizara la infiltración policial y la segunda que recogiera ambas identidades, la supuesta y la oculta, siendo esta última la que tendría carácter reservado, pues consideramos que

Por este motivo, volvemos a considerar que el artículo 4 de la Ley 101/2001 no respeta las garantías procesales del imputado al quedar al arbitrio de lo que se denomina la autoridad judiciaria, no necesariamente del Juez, la decisión sobre si incorpora o no el material relacionado con el agente encubierto ya que, si decidiera no incorporarlo y el Juez no considerase necesario por necesidad de la prueba, la comparecencia en audiencia del agente encubierto, podríamos encontrarnos con la dramática situación de que durante la investigación la policía se hubiera servido de una medida restrictiva de derechos fundamentales sobre la que el imputado no ha tenido conocimiento, ni lo tendrá ni siquiera durante la fase de juicio oral, no pudiendo ejercitar su derecho de defensa con pleno respeto del principio de contradicción y del de igualdad de armas en el proceso[38].

Si bien es cierto que la regulación contenida en el artículo 282 bis de la Ley de Enjuiciamiento Criminal tampoco establece expresamente que deba comunicarse al imputado que ha sido objeto de una investigación encubierta, no es menos cierto que la previsión de que dicha información deberá aportarse al proceso en su integridad, y de que se valorará en conciencia por el órgano judicial competente, dota a la regulación española de un matiz garantista del que carece la normativa portuguesa.

---

el imputado tendría derecho no solo a saber que ha existido una infiltración policial, sino también a saber quien ha sido la persona que ha actuado como agente encubierto.

[38] No nos valen las explicaciones dadas por el Ministro de Justicia portugués señalando, en contestación a las críticas recibidas por este precepto, que una cosa era que el relato de los hechos se presentara a la autoridad judiciaria y otra que esta la incorporara al proceso (*DAR*, I Serie, núm. 99, 22 de junio de 2001) por cuanto lo que criticamos aquí no es que la policía no realice ese informe a la autoridad judiciaria, que desde nuestro punto de vista debería ser el Juez y no el Fiscal, sino el hecho de que no se de conocimiento o traslado de ese informe al imputado ya que consideramos que este extremo podría vulnerar, como ya hemos dicho, su derecho de defensa.

VI

Responsabilidad del agente encubierto

Por último tanto el artículo 6 de la Ley 101/2001 como el apartado 5 del artículo 282 bis de la Ley de Enjuiciamiento Criminal regulan el régimen de responsabilidad penal, o mejor dicho de exención de responsabilidad penal, al que están sometidos aquellos sujetos que actúen como agentes infiltrados y en este sentido ambas regulaciones coinciden en que el agente infiltrado estará exento de responsabilidad criminal por aquellas actuaciones que sean consecuencia necesaria del desarrollo de la investigación, siempre que guarden la debida proporcionalidad con la finalidad de la misma y no constituyan una provocación al delito, figura que como tuvimos ocasión de señalar al comienzo de nuestro trabajo se encuentra prohibida en ambas regulaciones.

También ambas regulaciones señalan en su articulado el cauce para poder proceder penalmente contra un agente encubierto, señalando que el Juez competente para conocer la causa deberá, tan pronto tenga conocimiento de la actuación de algún agente encubierto en la misma, requerir informe relativo a tal circunstancia de quien hubiere autorizado la identidad supuesta, configurándose la petición de este informe como un auténtico requisito de procedibilidad, sin el cual no podría continuarse ningún proceso penal contra un agente encubierto debidamente autorizado para operar como tal, ya que sobre la base del mismo, el Juez competente podrá decidir, según su criterio, el archivo de la causa por concurrir los requisitos de exención exigidos o, por el contrario, en caso de que estos no concurran, ordenar la continuación del procedimiento[39].

---

[39] Como señala LOPEZ BARJA DE QUIROGA, J., "El agente encubierto", *La Ley*, núm. 4778, de 20 de abril de 1999, p. 2, en aquellos casos en que no concurran los requisitos de exención exigidos para poder archivar la causa, aunque existiría una tercera posibilidad y es que, como indica DELGADO MARTÍN, J.,

De esta manera se está facultando al Juez para que decrete el archivo de una causa contra un agente encubierto cuando concurran los requisitos exigidos para la aplicación de la especifica exención de responsabilidad penal prevista en el apartado 5 del artículo 282 bis de la Ley de Enjuiciamiento Criminal española, coincidente con el artículo 6.2 de la portuguesa Ley 101/2001, con los consiguientes problemas que pueden derivarse de esta facultad, referidos a que el auto de archivo del Juez de Instrucción carecería de efectos de cosa juzgada, por lo que, desde nuestro punta de vista, sería más aconsejable, siempre que ello no supusiera una interferencia en las investigaciones que se están llevando a cabo, que las actuaciones se elevaran a la Audiencia o al órgano de enjuiciamiento para que se pronunciara sobre la cuestión a través de un auto de sobreseimiento libre, que ofrecería mayor garantías y seguridad jurídica al agente encubierto que el mero auto de archivo de las actuaciones[40].

"El proceso penal ante la criminalidad organizada. El agente encubierto", *ob. cit.*, p. 129, la ley no prohíbe al Juez competente que solicite una ampliación del informe a la autoridad que autorizó su actuación. Sobre la petición de este informe ver también RODRÍGUEZ FERNÁNDEZ, R., "Comentarios a la Ley Orgánica 5/1999: la entrega vigilada y el agente encubierto", *ob. cit.*, p. 6.

[40] Dicho auto, al no producir efectos de cosa juzgada, debería entenderse como una finalización anticipada y provisional del proceso, equiparable como dice la STS de 10 de diciembre de 1991, al auto de archivo de las diligencias previas y al sobreseimiento provisional del procedimiento ordinario por delito del artículo 641 de la Ley de Enjuiciamiento Criminal, por lo que con DELGADO MARTÍN, J., "El proceso penal ante la criminalidad organizada. El agente encubierto", *ob. cit.*, p. 131, coincidimos en que ofrecería mayores garantías la emisión por parte del órgano de enjuiciamiento de un sobreseimiento libre al amparo del artículo 637.3 de la Ley de Enjuiciamiento Criminal, basado en la causa de que aparezcan exentos de responsabilidad criminal los procesados, cómplices o encubridores, supuesto en el que consideramos que encajaría perfectamente la figura que estamos estudiando y con el que también salvaguardaríamos el principio de publicidad inherente al juicio oral, y que podría verse vulnerado por el cierre anticipado del proceso, ya que se permitiría el cierre del proceso penal tras el mero informe de quien autorizó la actuación del agente encubierto, sin agotar la práctica de actos de instrucción y sin la celebración del juicio oral, con la correspondiente imposibilidad de contradicción por las partes. Sobre este tema ver MORAL GARCIA, A. Y SANTOS VIJANDE, J., *Publicidad y secreto en el proceso penal*, Comares, Granada, 1996.

7

Conclusiones

Una vez realizada esta visión comparada de las legislaciones portuguesa y española llega el momento de realizar una breve reflexión sobre las mismas, y así, en primer lugar, destacar el hecho de que, en esencia, y salvo las diferencias que hemos ido apuntando a lo largo de nuestro trabajo, ambas regulaciones buscan incorporar de la manera más precisa posible la controvertida figura del agente infiltrado a sus respectivos ordenamientos: una, la española, lo hace mediante la inclusión de un nuevo precepto en la Ley de Enjuiciamiento Criminal mientras que otra, la portuguesa, opta por la técnica legislativa de elaborar una ley específica, la Ley 101/2001, sobre la materia.

En segundo lugar, debemos mostrarnos críticos por el hecho de que en ambas regulaciones se permita que la autorización para poder recurrir a la figura de un agente infiltrado pueda corresponder, no solo a la autoridad judicial, desde nuestro de punto de vista la única que podría adoptar una medida restrictiva de derechos fundamentales de este calibre, sino también al Ministerio Fiscal, con la evidente vulneración de garantías procesales que esto pudiera conllevar y que han sido puestas de manifiesto a lo largo de nuestro trabajo.

Debemos, en tercer lugar, alabar la precisión con la que tanto la regulación portuguesa como la española delimitan el ámbito de aplicación de esta figura y los requisitos necesarios para poder utilizarla: necesidad, proporcionalidad e idoneidad, así como por los evidentes esfuerzos por garantizar la seguridad de dichos agentes, alabando en este caso las previsiones portuguesas en cuanto a la consideración como secretas de las actas en las que se consigna la identidad supuesta del agente infiltrado.

Pese a ello, debemos mostrarnos, en cuarto lugar, especialmente críticos con el hecho de que la normativa portuguesa prevea la posible utilización de terceros como agentes infiltrados, algo que nos parece excesivamente arriesgado por el hecho de que consideramos que quien vaya a actuar como agente infiltrado debe reunir una serie de condiciones, tanto físicas, como psíquicas, y sobre todo, morales y éticas, que en muchas ocasiones no van a poder ser predicables de quien vaya a llevar a cabo la infiltración.

También debemos, en quinto lugar, mostrarnos críticos por el hecho de que, conforme a la normativa portuguesa, se pueda utilizar esta figura no solo para la represión o investigación de delitos ya cometidos, sino también para la prevención de delitos que pudieran llevarse a cabo, recomendando la búsqueda de nuevas figuras o técnicas que permitan la consecución de ese fin sin tener que recurrir a medidas restrictivas de derechos fundamentales.

En sexto lugar, debemos felicitarnos por el hecho de que en ambas legislaciones esté prohibida la figura del agente provocador o de la provocación al delito, tan cercanas en ocasiones a la del agente infiltrado, pues compartimos la idea de que esta situación no es admisible en un Estado de Derecho, que no puede recurrir a convertirse el mismo en un delincuente para conseguir atrapar a otros delincuentes, opinión que basamos en los diferentes pronunciamientos jurisprudenciales que hemos recogido en nuestro trabajo, y en especial en la del Tribunal Europeo de Derechos Humanos en el caso Teixeira de Castro contra Portugal.

En séptimo y último lugar, debemos manifestar nuestra preocupación por la posibilidad contemplada y analizada a lo largo del presente trabajo de que un imputado en Portugal pueda llegar a ser juzgado sin tener conocimiento de que ha sido objeto de una investigación encubierta, pues la decisión de incorporar o no el relato de su actuación al proceso queda en manos de la autoridad judiciaria, que no judicial, lo que podría provocar graves lesiones al derecho de defensa.

Por todos estos motivos no podemos compartir la opinión del Informe de la Comisión de Asuntos Constitucionales, Derechos, Libertades y Garantías de la Asamblea de la República Portuguesa, en relación con la Propuesta de ley núm. 79/VIII donde se afirmaba que dicha propuesta de ley, que se convertiría posteriormente en la Ley 101/2001, no pone en cuestión ninguno de los derechos fundamentales recogidos en la Constitución Portuguesa, por cuanto consideramos que muchos de ellos sí que podrían verse vulnerados por la regulación actual existente tanto en España como en Portugal, concluyendo finalmente que, en nuestra opinión, la eficacia y la eficiencia de una medida jamás debería ser alcanzada con el sacrificio de los derechos, libertades y garantías de los ciudadanos, ya que este es un precio demasiado alto, imposible de pagar por un Estado de Derecho.

AS DEPENDÊNCIAS INTERNAS
E EXTERNAS DA SEGURANÇA

ADRIANO MOREIRA

Presidente do Conselho Nacional
de Avaliação do Ensino Superior
Professor Emérito da Universidade Técnica de Lisboa

Talvez seja oportuno tentar uma caracterização das contradições entre as perspectivas herdadas e em vigor da concepção renascentista do Estado centrada na soberania absoluta, com a perspectiva de um espaço europeu de segurança a exigir a evolução para um conceito de soberanias cooperativas ou funcionais, e, finalmente, com a inevitável pressão do globalismo que abala a estrutura e confiabilidade da sua única sede de referência, que ainda são as Nações Unidas.

Para obedecer à regra de que é o objecto que determina o método, será conveniente ter presente a referência de algumas realidades e conceitos que correspondiam à percepção de uma sociedade estável antes do ponto final colocado no modelo da ordem ocidental pela guerra de 1939-1945, e inelutáveis sequelas.

Em primeiro lugar cada uma das soberanias assentava na exigida fidelidade vertical de todas as diversidades que existissem na população do Estado, e guiava-se pela existência, ou projecto de existência, do tecido cultural conjuntivo de uma ambicionada e valorada comunidade nacional.

A fronteira geográfica marcava no globo os limites do seu poder supremo e da sua imunidade, juridicamente protegida, em face dos poderes externos, por regra histórica mais considerados como inimigos do que como vizinhos.

A segurança, sustentada nas fronteiras pelas *forças armadas*, podia definir-se como a *vida habitual*, isto é, como violações acidentais da legalidade em vigor, porque o poder de reprimir apenas é capaz de lidar com a desobediência esporádica, e não com a desobediência generalizada.

A violação desta moldura geral tinha expressão suprema na guerra entre Estados, ou na guerra civil dentro do Estado, catástrofes que eram de regra encaradas com planos conservadores de regresso à vida habitual da experiência passada, e também de regra planos que eram obrigados a incorporar mudanças estruturais, politicamente anunciadas como progressos ou consensos quando o reconhecimento de ruptura não era imperativo, porque com os factos não se discute.

No século XX, a agonia desta estrutura durou cinquenta anos de guerra fria, meio século durante o qual a semântica diplomática foi amortecendo a natureza aguda da reformulação das hierarquias dos Estados, do complexo crescimento do número de interlocutores na cena mundial, da emergência das novas e várias autoridades para além do Estado, da evolução da sociedade civil que se queria nacional para sociedade civil transnacional, da crise da fidelidade vertical que o soberanismo exigia, da evolução das fronteiras geográficas para apontamentos administrativos ou traçados mal defensáveis, para a multiplicação das formas de criminalidade transfronteiriças, e para a posse de capacidade de agressão nas mãos de titulares que proclamam participar no mesmo direito antigo de os Estados recorrerem à violência armada.

Este panorama, aliás simplificado, das tendências contraditórias em conflito, talvez ajude a racionalizar o processo evolutivo da União Europeia, que em vão se tem procurado submeter a um modelo observante orientador, uma tentativa que teve a última expressão na chamada Constituição Europeia, agora posta em suspenso.

Tomada por referência a fronteira geográfica dos actuais vinte e cinco membros da União, é já evidente que todas as liberdades em que assenta a ambicionada unidade, a liberdade de circulação de pessoas, capitais, e mercadorias, numa sociedade civil de confiança que, por isso, praticará o modelo da *vida habitual*, vão exigindo a já referida evolução das históricas fronteiras geográficas internas para *apontamentos administrativos*, mas tal facto ao mesmo tempo transfere para as novas fronteiras da União, com definição condicionada pela nova realidade geográfica, os temas da segurança e defesa da experiência do soberanismo.

Vamos tentar um ensaio de identificação das tendências em conflito dentro do espaço da União, em busca de uma solução que harmonize a sobrevivência da experiência passada com a exigência da realidade presente em movimento; e depois, tentar igual harmonia no que toca à relação da União, e dos Estados que a integram, com o globalismo e a reinvenção da governança mundial que esta moldura dos povos exige.

Entre as várias questões que desafiam a segurança está o descontrolo das migrações, com o efeito colateral, não previsto nem regulado, que transforma as *sociedades nacionais* em *sociedades multiculturais*, e veremos a seguir o risco que se instalou. Mas o simples facto de a evolução remeter para a fronteira da actual União todos os problemas que secularmente foram suscitados pela fronteira defensora da soberania, fez com que, antecipando Maastricht, o Acordo de Schengen (1985), e a Convenção de Aplicação de 1990, criassem um chamado *Espaço Schengen* que não inclui, por herança do soberanismo, nem o Reino Unido nem a Irlanda. Neste espaço, que também é um passo para a emergência final da estrutura da União, a coordenação envolve a obrigação da assistência mútua e troca de informações monitorizadas por um Gabinete Nacional, também o direito da vigilância e perseguição transfronteiriça, o desenvolvimento de um Sistema de Informação.

224 | *Adriano Moreira*

Estas medidas anteciparam a criação da União pelo Tratado de Maastricht de 7 de Fevereiro de 1992, que avançou com o Terceiro Pilar (Título VI), o qual define a cooperação quer judiciária quer policial, que combate a criminalidade internacional como sendo "interesse comum". Esta linha foi desenvolvida pelo Tratado de Amesterdão, que orientou, designadamente, no sentido do reconhecimento das sentenças de cada Estado, da cooperação organizada das polícias, do aprofundamento do Europol, do Eurojust na área da cooperação judiciária, e o desenvolvimento da Rede Judiciária, das competências jurisdicionais do Tribunal de Justiça, tudo sem afectar o Espaço Schengen, mas sobretudo reformulando o Direito Derivado da União, com os novos instrumentos jurídicos que são a *posição comum*, a *decisão-quadro*, a *decisão*, e a *convenção* que mais uma vez atesta a herança do direito internacional das soberanias, a qual também se reflecte no papel decisivo dos Estados membros que têm no Conselho a sua sede de proeminência.

Estas matérias foram muito aprofundadas ao longo do curso, e por isso dedicarei mais atenção aos restantes pontos que enunciei no início desta exposição.

A primeira nota a salientar é que foram um país reticente a Schengen, o Reino Unido, e outro aderente ao espaço, que é a Espanha, as vítimas da mais grave ameaça contra os ocidentais, que é o terrorismo global. Nos dois casos é geralmente aceite que o conflito radica num confronto transfronteiriço de civilizações, para usar a expressão famosa de Hunthington (1993), e ainda que a Al Qaeda introduziu valores religiosos no conceito estratégico definido por Bin Laden. O facto é que o tema, com duração de séculos, dos europeus agindo nos trópicos no exercício do poder, é agora substituído pelo tema dos trópicos na Europa, onde existe um islamismo que veio para ficar, como aconteceu em várias outras regiões, designadamente na África e no Pacífico.

Mas este islamismo instalado na Europa, com milhões de residentes, resultou sobretudo do abuso de uma teologia liberal de mercado, que considerou essa mão-de-obra como de torna-viagem, mas que se radicou definitivamente.

Infelizmente, como recentemente se demonstrou em França, faltou por isso uma *política de acolhimento* para enfrentar o acto amargurado da mudança de terra para viver, depois faltou uma *política de integração* nos modelos da vida habitual das sociedades de acolhimento, e finalmente uma *política de assimilação* eficaz, que a experiência não espera, em regra, antes da terceira geração.

Estas comunidades organizaram-se como *colónias interiores*, com um clima de amargura que viabiliza o recrutamento dos mártires aos quais oferecem a salvação pelo caminho do desespero. A frente jurídica precisa de desenvolvimento para conseguir a segurança como um mínimo de desvios securitários. Mas essa frente jurídica apenas será dinamizada internamente pelo fortalecimento das redes comunitárias das forças de segurança, dos serviços de informação, dos poderes judiciais, talvez com o primeiro objectivo de conceder aos governos que o tempo urgente para a definição e aplicação das políticas de acolhimento, de integração e de assimilação que faltam.

Um tempo que necessariamente incluirá ultrapassar os obstáculos que dizem respeito à definição de uma *fronteira de países amigos* da União, quer a leste, quer na margem sul do Mediterrâneo.

É inquietante o facto de que na Conferência que, nos finais de 2005, celebrou o 10.º Aniversário da Declaração de Barcelona de 1995, destinada a lançar as bases da cooperação Euro-Mediterrânica para os próximos cinco anos, não tenham comparecido pelo menos sete Estados muçulmanos convidados.

Tratava-se, para além da cooperação nos domínios do desenvolvimento sustentado, da liberdade do comércio, da cooperação científica e técnica, e da educação, também de ajustes políticos reguladores das migrações, da integração social, da Justiça e da Segurança. Neste último ponto, a questão de Israel era considerada de primeira urgência, para, encontrada uma solução, desenvolver as participações responsáveis das sociedades civis. O fracasso da Conferência exige esforços consistentes para que o processo não seja abandonado, porque um cordão de países amigos na fronteira da União é um pressuposto da viabilidade do regresso a uma sociedade plural de confiança, e por isso segura, no espaço europeu.

Julgamos que a questão, por outro lado, está condicionada negativamente pelo fracasso da Cimeira de Chefes de Estado e de Governo que, em Setembro de 2005, reuniu na ONU para apreciar as recomendações e projectos do Secretariado na área da segurança, da paz, e do desenvolvimento.

A gravidade da ocorrência pode ser avaliada tendo em conta a declaração que Henry Crumpton, designado chefe do contra-terrorismo do State Department, fez em Janeiro deste ano, ao The Daily Telegraph: considera que é apenas uma questão de tempo para que grupos terroristas possam adquirir armas de destruição maciça, mudando o modelo das guerras a combater no futuro, uma situação que exigirá um enfrentamento de décadas. O risco para objectivos ocidentais, anuncia que é extremamente elevado. Por isso, afirma, a recente atitude do Irão é tão inquietante, porque a sua ligação a grupos terroristas é de prever, e todas as respostas, incluindo a guerra de preventiva, estão para serem consideradas.

O tema da segurança, que exige internamente um tão elevado sentido de comprometimento das forças de segurança com a sociedade de confiança que lhes incumbe proteger, não é portanto um tema que se esgote numa cadeia de eventos que respeitem à criminalidade local, aos bairros degradados que tendem para colónias interiores, aos eventuais arrastões, às migrações clandestinas.

É uma questão que tem dependências exteriores, com efeito directo ou colateral na reorganização dos quadros de responsabilização das soberanias que evolucionaram para cooperativas ou estruturas funcionais, com reflexos na definição da consistência das frontei-ras geográficas da União a deparar-se com dificuldades que foram as das fronteiras das soberanias agora em crise, com exigências de política externa comum no sentido de definir uma linha fronteiriça de países amigos, com dependências globais de que a ONU parece ser ainda a única sede de resposta possível, tudo problemas com deficientes definições e frágil início de resposta.

Lisboa (Instituto Superior de Ciências Policiais e Segurança Interna),

15 de Fevereiro de 2009

ÍNDICE

INTRODUÇÃO 5

PROGRAMA 9

DISCURSO DE ABERTURA 13

CONFERÊNCIAS E ESTUDOS

Terrorismo e direitos fundamentais
JOSÉ JOAQUIM GOMES CANOTILHO 19

El tráfico de seres humanos ante la ley española
NIEVES SANZ MULAS 31

"A Jihad global e o contexto europeu"
MARIA DO CÉU PINTO 85

Respuesta jurídica internacional frente al terrorismo
JOSÉ GARCÍA SAN PEDRO 95

Respostas táctico-policiais ao fenómeno da droga
HUGO B. GUINOTE 122

A investigação do crime organizado
MANUEL MONTEIRO GUEDES VALENTE 159

El agente infiltrado en España y Portugal
Estudio comparado a la luz de las garantías y de los principios constitucionales
ADÁN CARRIZO GONZALEZ-CASTELL 185

As dependências internas e externas da segurança
ADRIANO MOREIRA 221